JN280239

しかけ絵本教室　3

ちょっと
オシャレな
グリーティングカード

菊地　清

大日本絵画

| 花のカード　　ポップアップ
大輪の花

作り方25頁

バラ（型紙26頁）

リンドウ（型紙26頁）

カトレア（型紙27頁）

スイセン（型紙27頁）

作り方28頁

花のカード　ポップアップ
花が咲く

カーネーション（型紙29頁）　　チューリップ（型紙30頁）　　コスモス（型紙29頁）

花のカード　ポップアップ
クロスする花びら

作り方31頁

ヒマワリ（型紙32頁）

カーネーション（型紙33頁）

コスモス（型紙33頁）

チューリップ（型紙32頁）

作り方34頁

花のカード　ポップアップ
花 の 心

バラ（型紙35頁）　　　チューリップ（型紙35頁）　　　カーネーション（型紙35頁）

ハートのカード
ダブルハート

ポップアップ切り抜き

作り方36頁

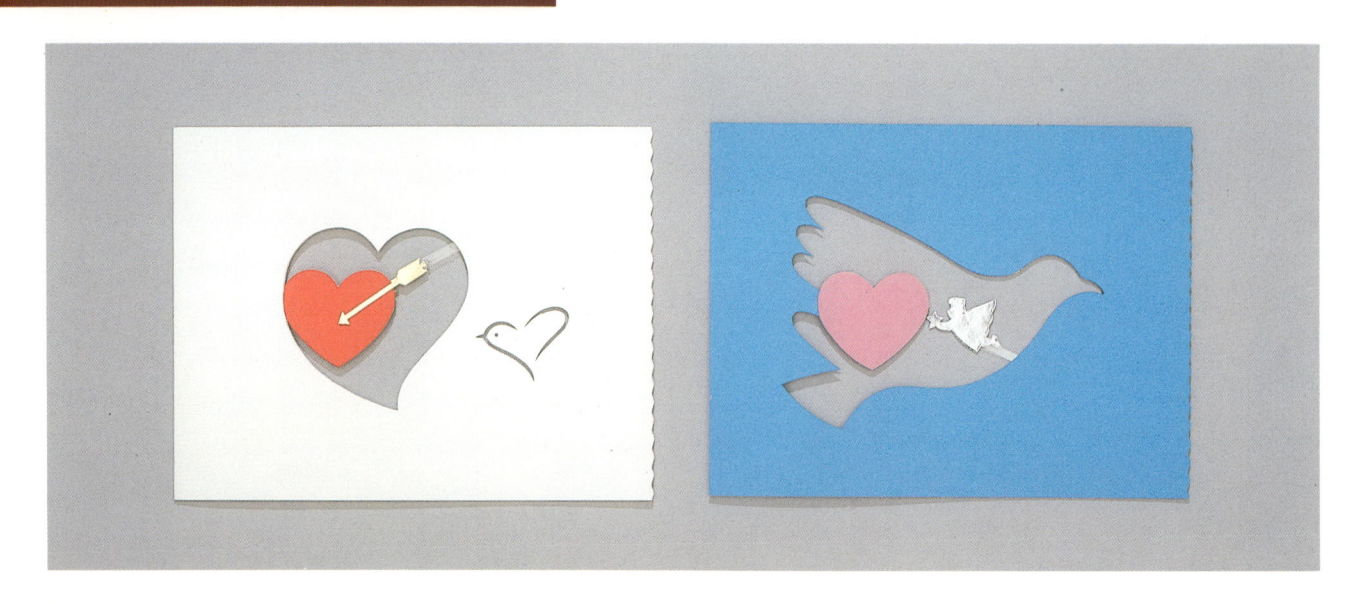

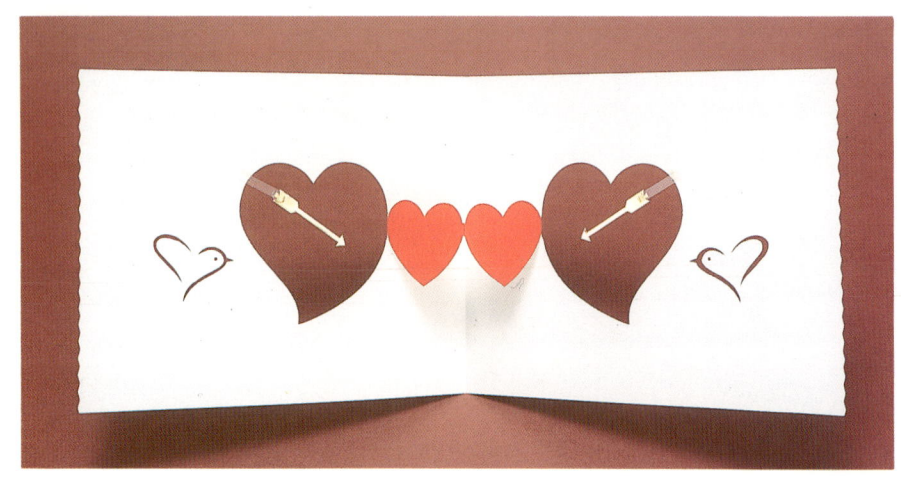

金の矢（型紙37頁）　　　　　　　　　銀色の天使（型紙38頁）

青い鳥（型紙38頁）　　　　　　　　　バラとチョウ（型紙37頁）

白いカード	ポップアップ切り抜き

雪の双子

作り方39頁

エンジェル（型紙39頁）　　　　　　ベア（型紙40頁）

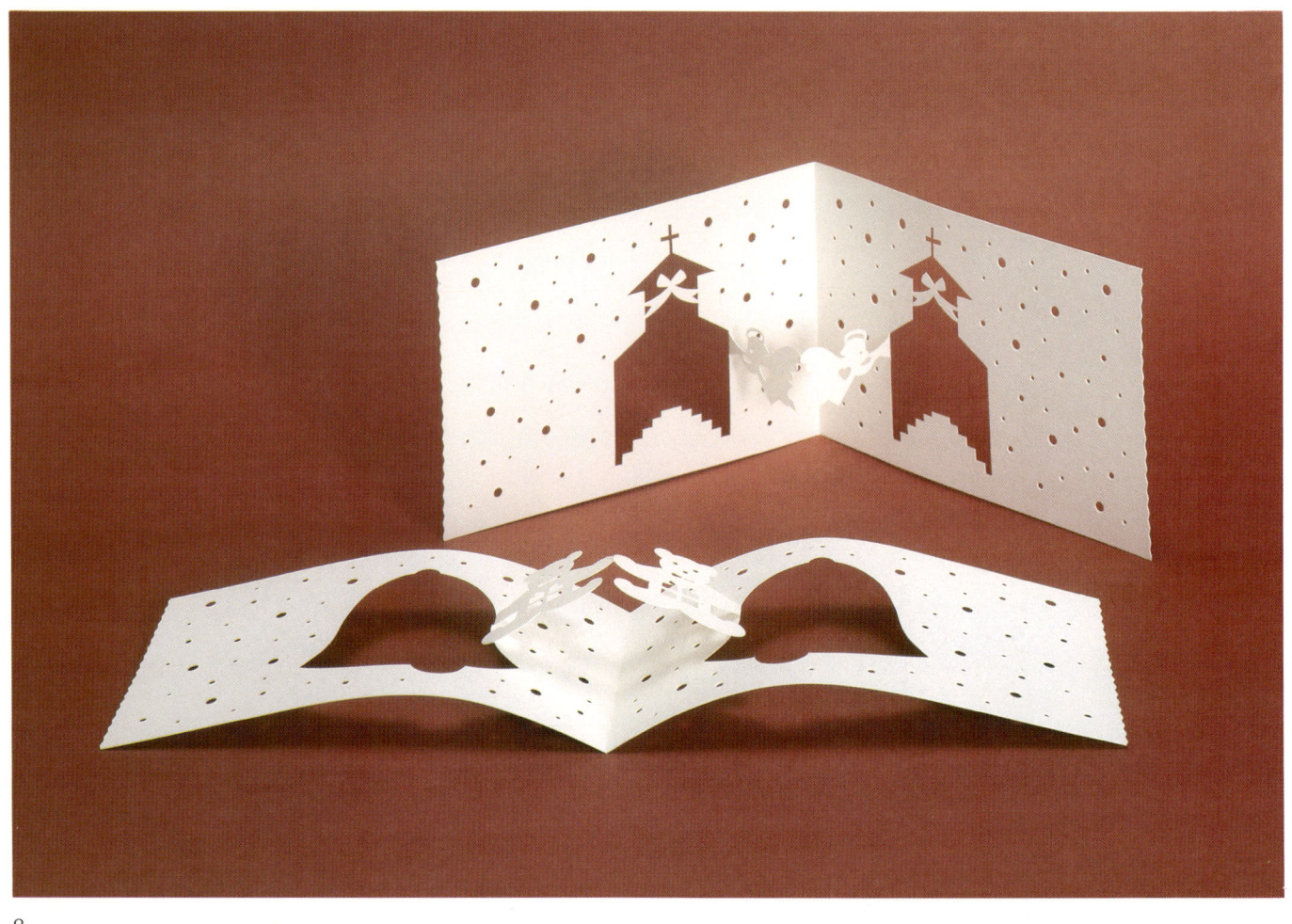

トナカイ（型紙39頁）　　　　　　ツリー（型紙40頁）

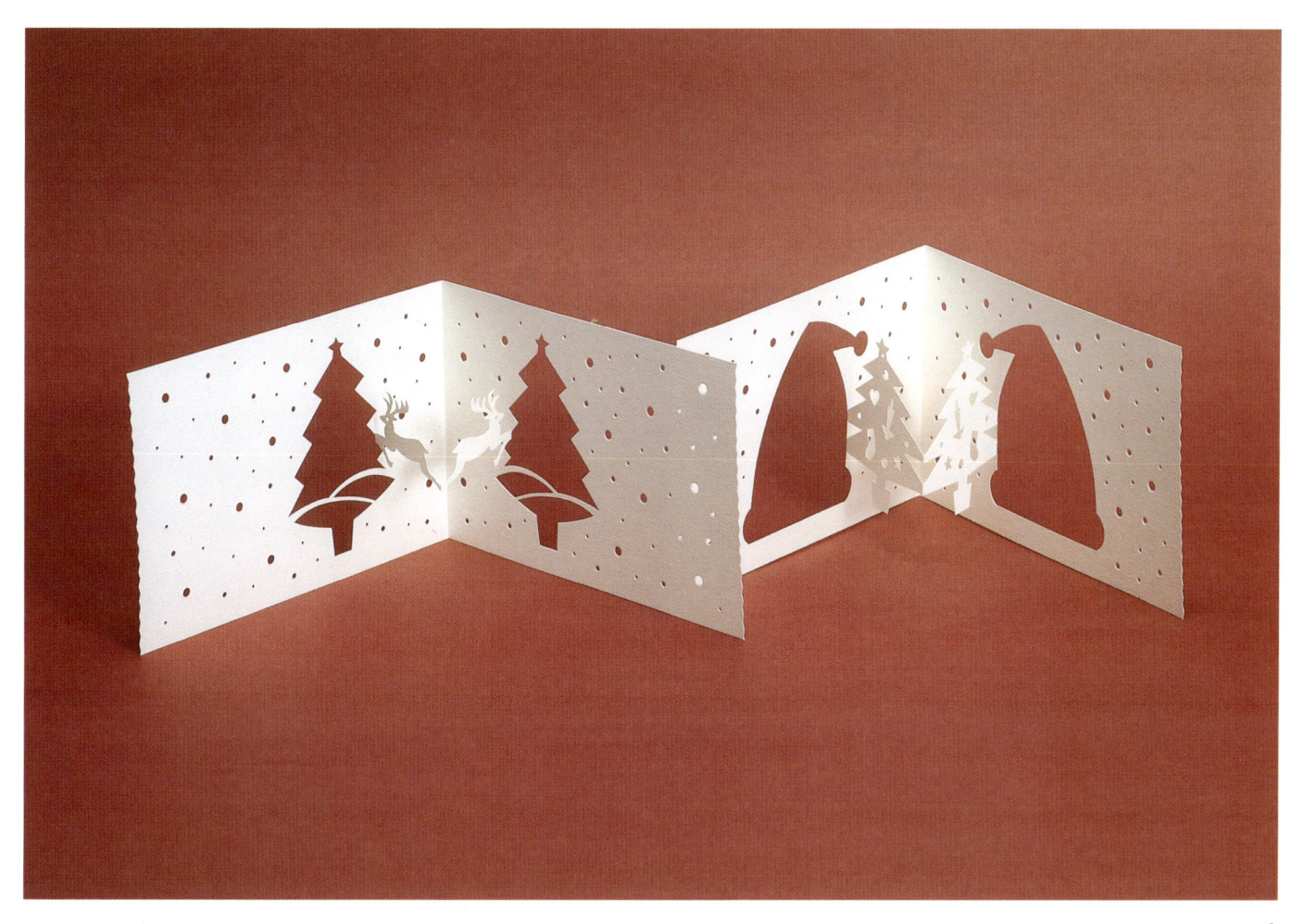

テーブル飾り

ポップアップ切り抜き

夏

朝顔（型紙43頁）

トロピカルフィッシュ（型紙44頁）

ラッコ（型紙44頁）

作り方41頁

テーブル飾り　ポップアップ切り抜き
クリスマス

サンタ（型紙43頁）　スノーマン（型紙42頁）　ツリー（型紙42頁）

ジャバラのカード	ポップアップ

動物家族

作り方45頁

クマ（型紙46頁）

イヌ（型紙47頁）

ネコ（型紙47頁）

ペンギン（型紙46頁）

作り方48頁

ジャバラのカード　ポップアップ
花火と風鈴

キャッスル（型紙49頁）　　　屋形船（型紙49頁）

ポップアップカード
ピ ア ノ

ピアノ（型紙51頁）

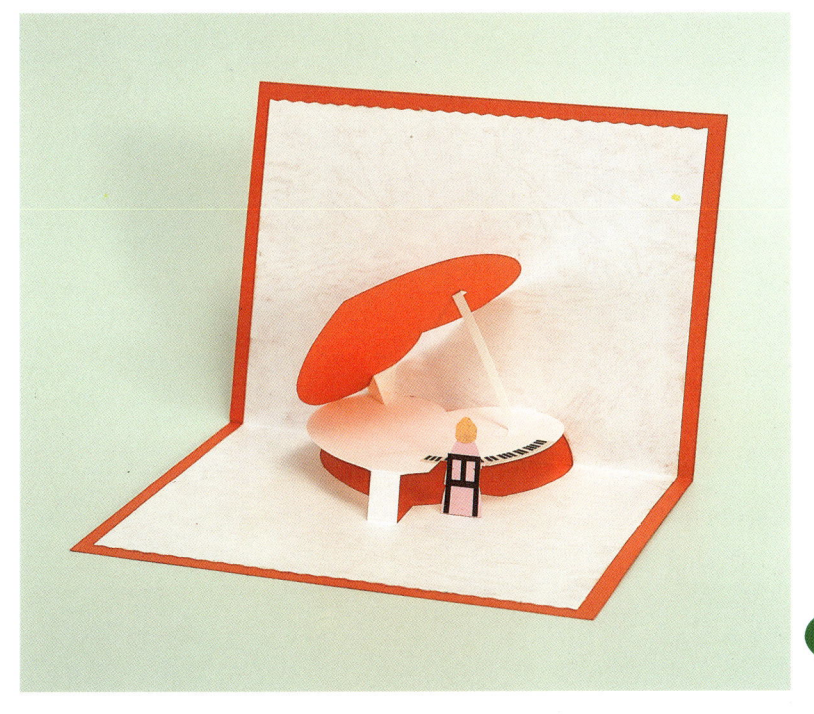

朝顔（型紙50頁）

作り方51頁

作り方50頁

13

窓のカード　切り抜き
お ば け

作り方52頁

ウサギ（型紙53頁）　　　ペンギン（型紙52頁）

14

作り方54頁

（型紙55・56・57頁）

窓のカード　　　切り抜き

パパの日

15

ポチ袋	ポップアップ

お正月

作り方58頁

お獅子（型紙59頁）

イヌ（型紙60頁）

ダルマ（型紙60頁）

カエル（型紙59頁）

しかけ絵本教室　3
ちょっとオシャレな **グリーティングカード**

♣ 目 次 ♣

- カラー口絵 …………………… 1
- **作り始める前に**
  - 用具について ……………… 20
  - 材料について ……………… 22
  - 作る時のポイント ………… 23

	作品	作り方	型紙
大輪の花			
リンドウ	2	25	26
バラ	2		26
スイセン	2		27
カトレア	2		27
花が咲く			
カーネーション	3	28	29
コスモス	3		29
チューリップ	3		30
クロスする花びら			
ヒマワリ	4	31	32
チューリップ	4		32
コスモス	4		33
カーネーション	4		33
花の心			
チューリップ	5	34	35
バラ	5		35
カーネーション	5		35
ダブルハート			
金の矢	6	36	37
銀色の天使	6		38
バラとチョウ	7		37
青い鳥	7		38
雪の双子			
エンジェル	8	39	39
ベア	8		40
トナカイ	9		39
ツリー	9		40

	作品	作り方	型紙

テーブル飾り
- 朝顔 …………………… 10 　　　 43
- ラッコ …………………… 10 　　　 44
- トロピカルフィッシュ ……… 10 　　　 44
- スノーマン ………………… 11　41　42
- ツリー …………………… 11 　　　 42
- サンタ …………………… 11 　　　 43

動物家族
- ペンギン ………………… 12　45　46
- クマ ……………………… 12 　　　 46
- イヌ ……………………… 12 　　　 47
- ネコ ……………………… 12 　　　 47

花火
- 屋形船 …………………… 13　48　49
- キャッスル ………………… 13 　　　 49

風鈴
- 朝顔 …………………… 13　50　50

ピアノ
- ピアノ …………………… 13　51　51

おばけ
- ペンギン ………………… 14　52　52
- ウサギ …………………… 14 　　　 53

パパの日
- ありがチュ！パパ ………… 15　54　55
- PaPa Daisuki …………… 15 　　　 56
- Happy Father's Day ……… 15 　　　 57

ポチ袋
- お獅子 …………………… 16　58　59
- カエル …………………… 16 　　　 59
- イヌ ……………………… 16 　　　 60
- ダルマ …………………… 16 　　　 60

イラスト集 …………………… 61

作り始める前に

☆ **用具について**
☆ **材料について**
☆ **作るときのポイント**

しかけ絵本教室　3
ちょっとオシャレなグリーティングカード。

　今回は前2冊の愛読者カードのご要望に答え、全てのカードの原寸大の型紙を掲載いたしました。本を切り抜くわけにはいきませんがコピーして十二分に活用してください。
　また、ポップアップカードだけでなく、切り抜きを主体とした作品やテーブル飾り、ポチ袋など簡単にできて人の意表を突くものもあります。
　メッセージを書きにくいものにはメッセージカードを添えるなど自分の工夫もいろいろ加えてみてください。
　ご要望・お便りをお待ちしています。

用具について

基本的には身近にあるもので作ることができますので、使いなれた用具でつくりましょう。買い求めたい方のために商品名を表示しましたので参考にしてください。

身近にあるもので

①はさみ
細かい作業が多いので、自分の手に合った、よく切れるはさみを使います。先のとがったものが使いやすいです。／プラスステンレスカラーはさみ

②カッターナイフ
替え刃ができ、折りスジのはいったタイプであれば普通のカッターで十分ですが、用途にあったカッターを使い分ければ、より手際よく、きれいに仕上がります。（カッターの種類は、P.21で紹介します）／NTカッター

③ピンセット
無くてもよいものですが、細かいものをのりづけしたり、指の届きにくいところの作業のときに便利です。先がL字に曲がったものが使いやすいです。／BONNYニュートゥイザースペシャル

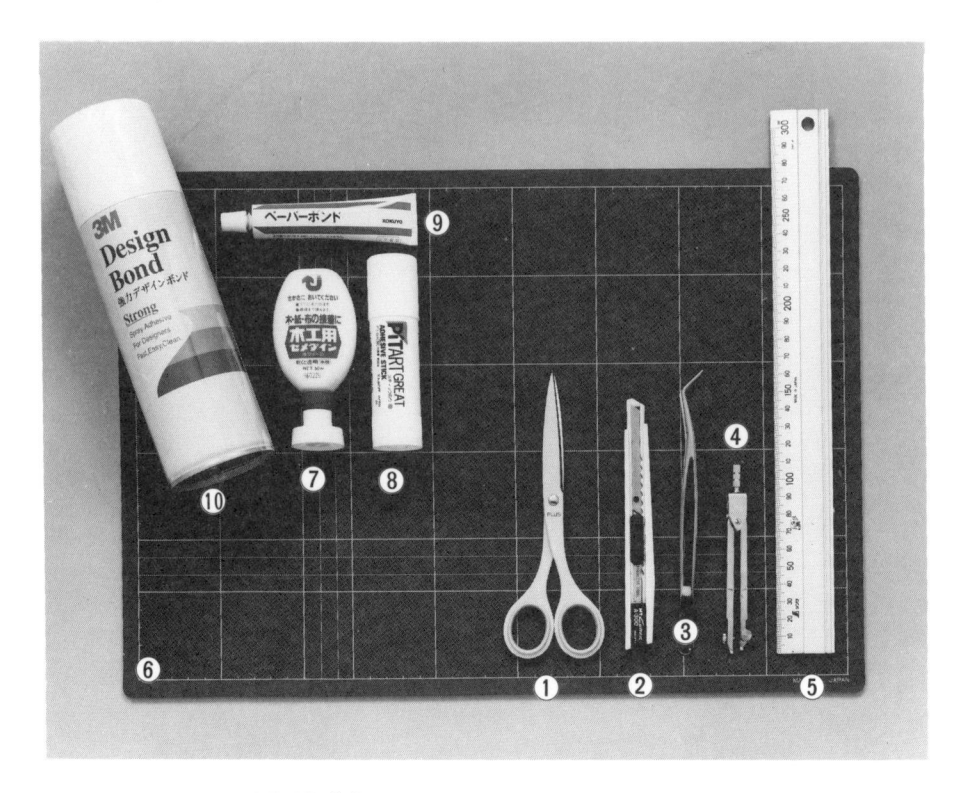

④コンパス
絵や部品の下書きで、円を描く時に使います。／ウエダ中コンパス

⑤定規
30cmのしっかりした定規を使います。カッターを使う作業が多いので、アルミの定規が適しています。傷がつきにくく、すべりどめがついているものもあり、安全です。／シンワアル助

⑥カッターマット
カッターを使う時に、下に敷きます。厚紙や、ベニヤ板などでも代用できますが、カッターの刃が切れなくなりやすく、何度か使ううちについた溝にカッターの刃をとられたりするので、たくさん作業をする場合は用意したほうがよいでしょう。／ライオンカッティングマット

接着剤

⑦木工用接着剤
つきがよく、乾くと透明になる接着剤で、主にこれを使います。細かいものを貼るときは、つまようじなどの先にとって、つけます。／セメダイン木工用

⑧スティックのり
広い面にのりをつける時に便利です。／ピットアートグレート

⑨ペーパーボンド
貼ったりはがしたりできます。長時間たつと紙が変色したり、はがれたりするので、薄い紙や、細かいものを仮止めするのに適しています。／コクヨペーパーボンド

⑩スプレーのり
大きな面に均等にのりをつけたい時にあると便利です。接着面から20cmほど離してスプレーします。貼ったりはがしたりできます。／3M強力デザインボンド

あると便利なもの

打ち抜きポンチ
穴をあける道具です。1.0～30.0mmまで、いろいろなサイズがありますが、下記の6サイズくらいがあればいいでしょう。紙にポンチを当てて、釘を打つように上からかなづちでたたいて穴をあけます。平らな場所で、カッターマットなど傷ついてもよいものの上で（専用台もあります）作業します。「編む」カードの穴あけや、穴をあけた時にできる丸い紙を目や雪として使用します。

- ⑪ 13mm
- ⑫ 11mm
- ⑬ 7.5mm
- ⑭ 4mm
- ⑮ 3mm
- ⑯ 2mm

カールクラフトパンチ
かわいい形の小さなパンチです（パンチしたものが約1.5cm）。色画用紙や包装紙などをパンチして、カードに模様をつけたり、クリスマスツリーの飾りなどが簡単にできます。写真の他にも色々な形があります。

- ⑰ 木
- ⑱ 恐竜
- ⑲ 星
- ⑳ クマ
- ㉑ 月
- ㉒ 雪の結晶
- ㉓ 熱帯魚
- ㉔ ハート

カッターナイフ
カッターにもいろいろな種類があり、特に曲線を切る時には、使い分けることによってよりきれいに切ることができます。揃える必要はありませんが、本書の作品のように切り絵で表現する場合、曲線切り用デザインナイフはあったほうが作業しやすいでしょう。

- ●細かな切りぬき用カッター‥‥細いペン型カッター
- ●曲線切り用デザインナイフ‥‥刃が360度回転して、力をかけた方に刃先が動くので曲線を切るのに最適。
- ●コンパスカッター‥‥丸く切る時にきれいに切れる。
- ●ウェーブカッター‥‥ふちどり等の波形カットが簡単にできる。

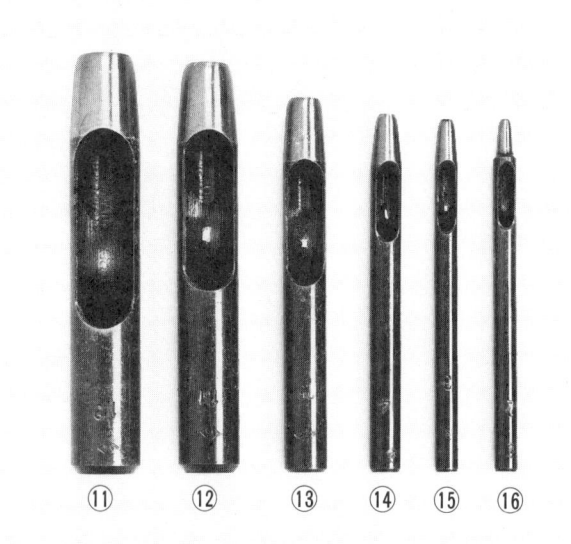

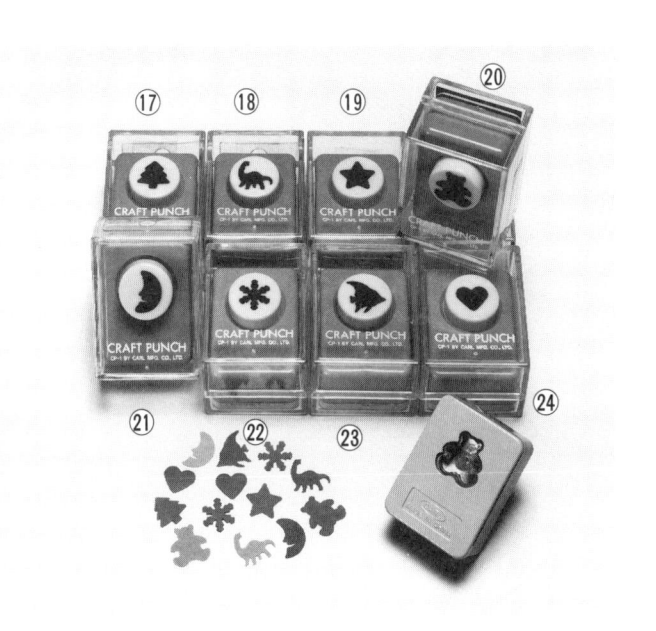

材料について

紙

紙には、数えきれないほど種類があり、さらに一種の紙に、色・厚さ・サイズがいくつもあります。本書でよく使われている紙は下記の紙ですが、同じ紙で作る必要はありません。大型文具店や画材店、ラッピング用品店等にはいろいろな紙がありますので、好みの紙を見つけて作ってください。色画用紙は最も入手しやすく、作るのにも適しているでしょう。台紙には、ケント紙が向いています。これも文具店で購入できます。

㉕ マーメイド……………表面に凹凸のある紙。丈夫で、台紙向き。
/160kg　A4

㉖ レザック66…………水面のような地紋と光沢のある紙。色が豊富。硬い紙。台紙向き。
/175kg　8裁

㉗ ケント紙……………白くて表面がつるつるした紙。厚みがあり硬い。台紙向き。
/特Aケント

㉘ タント………………/100kg　4裁
㉙ NTラシャ……………/100kg　A4
㉚ ベルクール…………/70kg　B4

やわらかく、画用紙のような紙。色が豊富にある。
㉘～㉚は紙質にほとんど差はないので、紙の色やサイズで好みの紙を選ぶ。

アクリル

文具店等で入手できます。0.038～0.125mmまで4種類の厚さがありますが、ここでは、0.1mm厚のものが最も適しています。
/ホルベイン高品質アセテートフィルム

テグス

部品やキャラクターをぶら下げる時に使うと、糸よりも美しく仕上がります。釣り具店、手芸店等で入手できます。太さがいろいろありますが、3号～5号ぐらいが適当です。

毛糸・刺繍糸

カードによって、好みの色や太さを使います。

詳細はお近くの大型文具店にお問い合せください

作るときのポイント

◆デザインを決めるとき

- はじめに花や動物など作りたいものの全体像を大まかにデッサンし次にそれぞれの線や輪郭をなるべくシンプルにまとめます。たとえばカーネーションなら一目でカーネーションと分かる特長（花びらのギザギザや、細長く左右に垂れ下がった葉）を誇張しながら全体のバランスや大きさ、色合いなどを決めていきます。
- 色を使わずに、白一色でもそのものの名前やイメージがストレートに伝わることが、良いデザインのポイント「シンプル・イズ・ベスト」です。
- デザインがシンプルであることは、造形的にも作りやすく何よりもきれいな仕上がりが期待できます。

◆紙を折るとき

──カッターナイフの使い方──

- カッターナイフは、刃に折り筋の入った普通タイプ。細かな切り抜き用のペンタイプ。刃が360°回転する曲線タイプと用途に合わせて色々なタイプがありますが、使う時は鉛筆を持つのと同じ握り方をするのが基本です。
- 裁断する時は定規を左手でしっかりと固定し、カッターの刃を紙にたいして約45°の角度で切り込み、上から下へゆっくりと引き下ろします。特に厚手の紙や重ね切りの時は、一度目は軽く溝を付ける程度に切り込み、二度目に力を加えて切るようにすると、きれいに真っすぐに切ることができます。

──ハサミの使い方──

- かたちを切り抜く時は、右回り（時計回り）に刃を進め、ゆっくりと下絵の線をなぞるように切り進むとスムーズなトレースができ、きれいに仕上がります。
- かたちを切り抜く時、一般的に右利きの人は左回り（時計回りと反対）に切り進むと、線を見失うこともなくきれいに切ることができます。
- 切りはじめはハサミを大きく開き、刃の元に近い部分を紙に当て、ゆっくりと切り出します。また、左手に持った紙を線に合わせて少しずつ動かし、右手のハサミを誘導するように切り進むときれいに切り抜くことができます。
- 鋭角な部分や細いところは、とかくハサミの先をすぼめて使いたくなりますが逆に、大きく開いて元の部分で少しずつ切り込みを入れた方が失敗なく切ることができます。

◆穴を開けるとき

- 打ち抜きポンチを開けたい部分に垂直に立て、上からかなづちで叩いて穴を開けます。叩き方はクギを打つ時と同じ要領ですが、厚手の紙の場合は2度3度叩いて抜け具合を確かめてからポンチを放すのがきれいな穴開けのコツです。

◆紙を折るとき

- 大まかに手で折る場合
  紙と体を平行にし、右手で下の部分を持ち上げ巻き込んで上の線にぴったりと合わせ、左手で左の天地を抑え、右手の人さし指で下のふくらみを左から右へゆっくりと折り込みます。また何度も指を左右に動かしながら折りを強めます。
- 溝を付け正確に折る場合
  特に厚手の紙を折りやすくするために、鉄筆（大きめのクギなど）で溝を付けてから折り込むときれいにラクに折ることができます。
- 定規を使って折る場合
  紙の上の折りたい部分に定規を置き左手で抑え、もう一つの定規を紙の裏から差し込み、上の定規と蝶つがいになるように下から折り上げ、折り筋が付いたところで、今度は両手でしっかりと折り込みます。正確に折ることはできませんが厚手の紙などを素ばやく折りたい時には便利な方法です。

◆ノリづけ

- 仮止めする時や貼ったりはがしたりする時は、ペーパーボンドやペーパーセメント（片面塗り）を使います。
- 部分的に、また直線的にのりをつける時はスティックのりを使います。
- 大きな面に均等にすばやくのりをつけたい時は、スプレーのり（ボンド）を使います。
- 一般的にいちばん多く使うのが木工用のボンドです。つきがよく速乾性があり白いのりが乾くと透明になります。
- どの接着剤もつけ過ぎないようにするのがノリづけのコツです。ボンドなどは容器から直接紙へしぼり出すのではなく、フイルムの空きケースなどにあらかじめ適量を分けて置き、つまようじなどで少量ずつ塗ってゆくときれいに仕上がります。

作り方の図の中に使われている線の基本。

1 .... 谷折り線
　　　　　　　　　　　　（折り線が内側になるように折る）

2 — · — · — · — 山折り線
　　　　　　　　　　　　（折り線が外側になるように折る）

3 ───────── 切り取り線

大輪の花　リンドウ

①中厚の色紙（紫）を2つ折にして、型紙にそってAとBを切り抜き、それぞれ20mmの切り込みを入れる。扇形にした黄色の色紙を図のようにクシ状に切り込みを入れ花の芯を2つ作る。つぼみと茎の部分を型紙にそって切り抜く。

②A.Bを開き、花の芯を切り込みの内側に貼る。糊づけは下部だけにする。Bにも裏側に同じように貼る。
（図ではBの花芯は省略）

③A.Bの中心の折り目をAは谷折りBは山折りにして向かい合わせ、Aの切り込みにBの中心を差し込み、互いの切り込み部をはめ込む。

④台紙を用意して、開いたときに花の中心が台紙の中心線に重なるように茎と花（ノリしろ部分）を貼る。

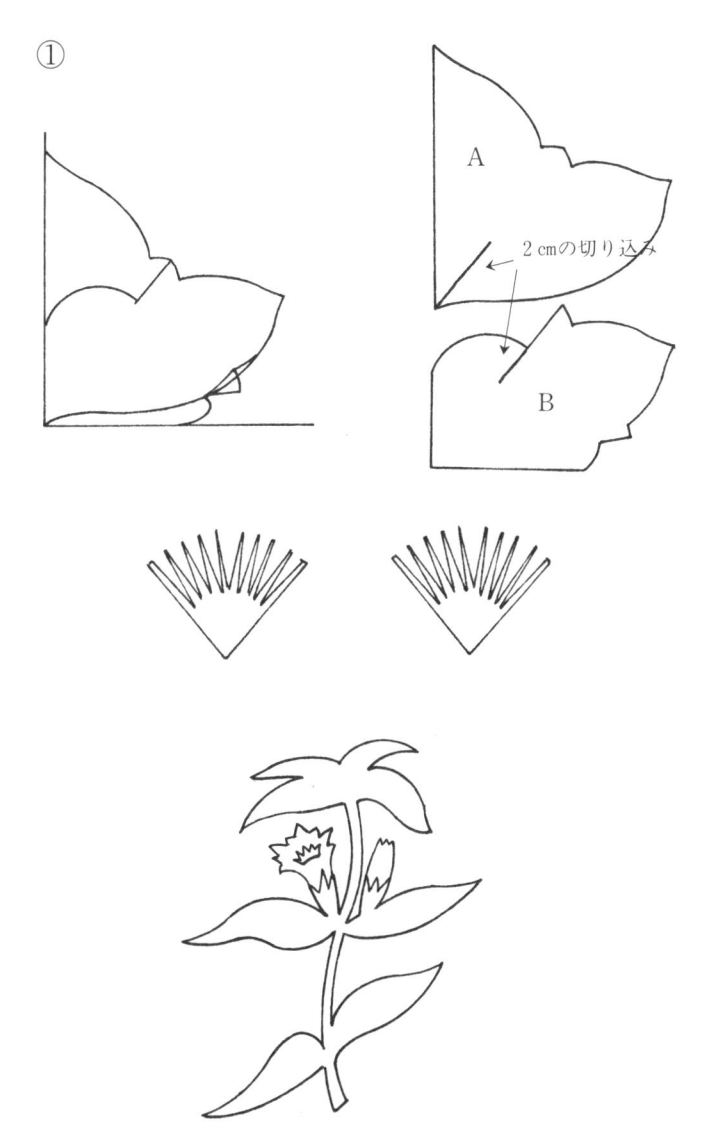

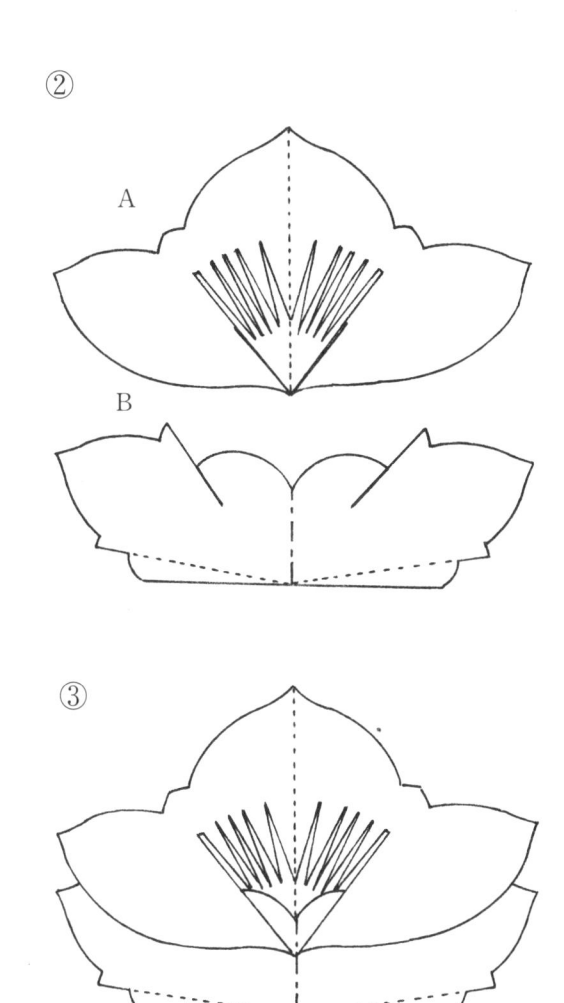

①

2cmの切り込み

②

A

B

③

ノリしろ

完成図

型紙

花びらの型紙はAB2種類を1図で示してあります
A　　　B　　　共通

リンドウ
- ◆台紙寸法　165mm×215mm。
- ◆花芯　半径40mmの扇型をクシ状にする。
- ◆切り込みはそれぞれ20mm。
- ◆ノリしろのあるほうを上から切り込む。

切り込み位置

ノリしろ

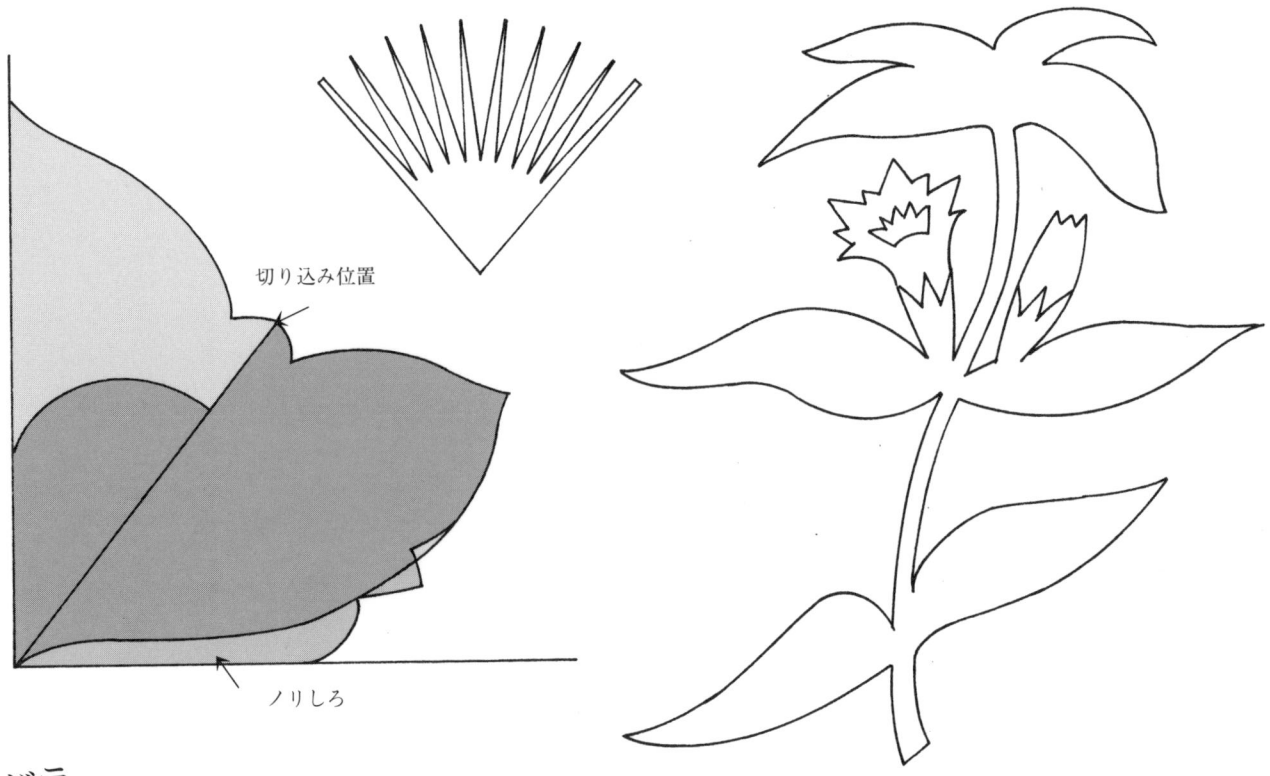

バラ
- ◆台紙寸法　165mm×215mm。
- ◆切り込みはそれぞれ45mm。
- ◆ノリしろのあるほうを上から切り込む。

切り込位置

ノリしろ

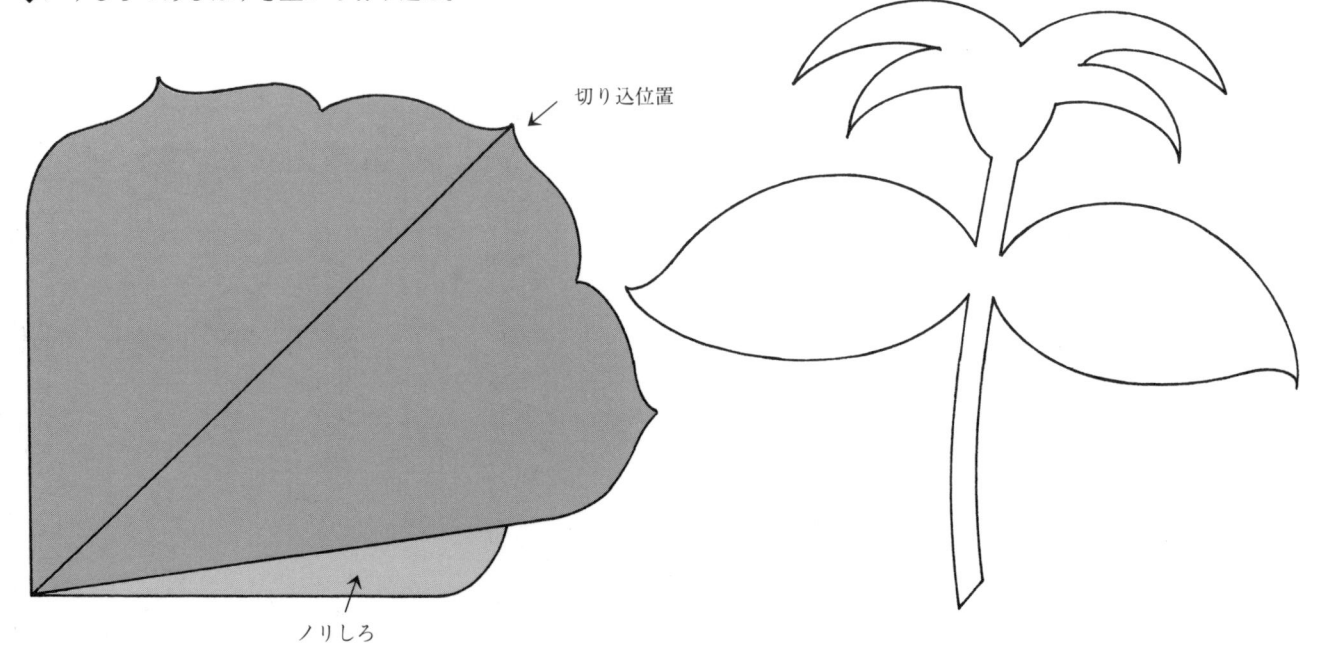

型紙

スイセン
◆花芯も型紙に示してあります。
◆台紙寸法　165㎜×215㎜。
◆花芯　半径30㎜の扇型。
◆切り込みはそれぞれ18㎜。
◆ノリしろのあるほうを上から切り込む。

花芯
ノリしろ

カトレア
◆花びらの型紙が2種類です。
◆台紙寸法　165㎜×215㎜。
◆切り込みはそれぞれ25㎜。
◆ノリしろのあるほうを上から切り込む。

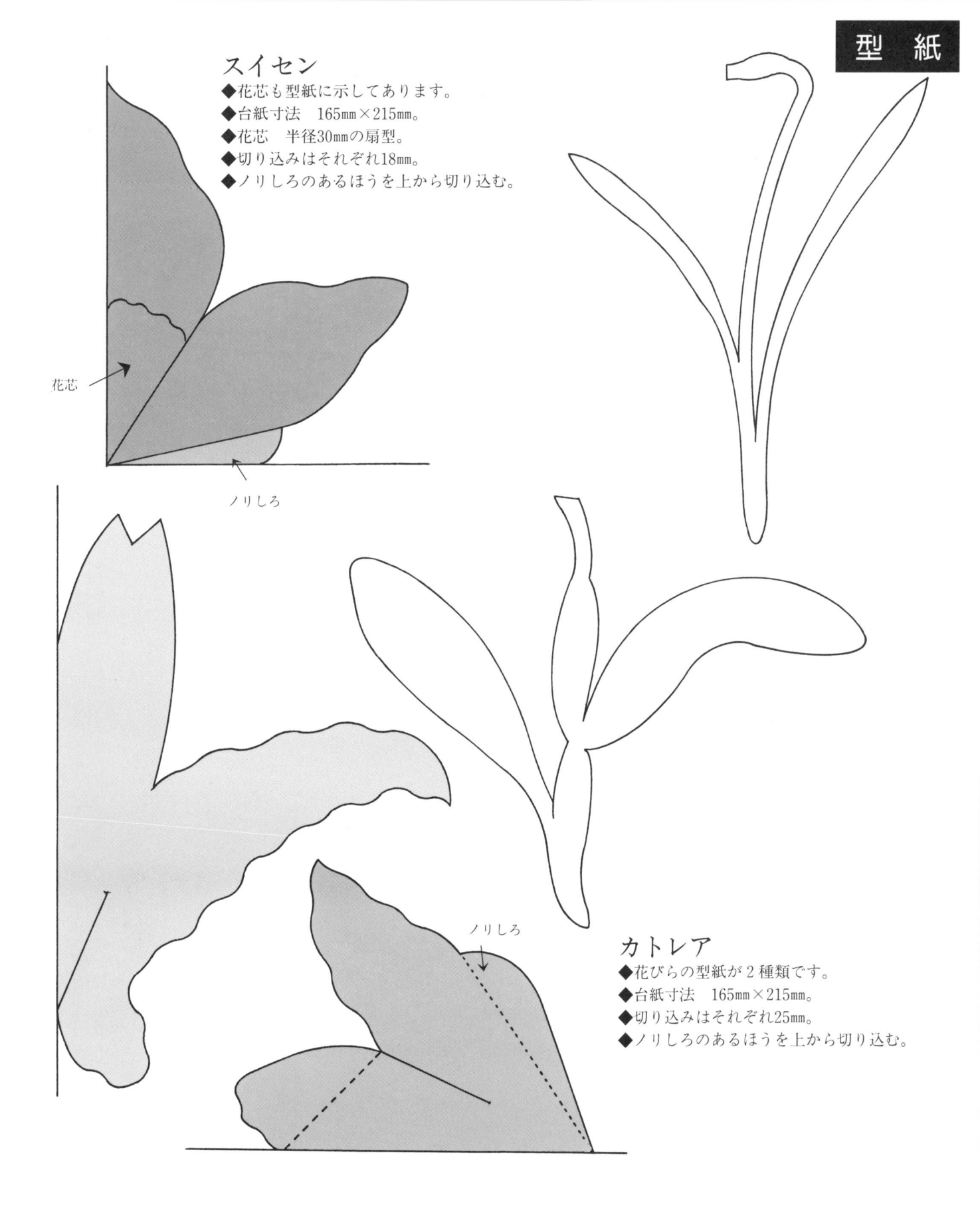

ノリしろ

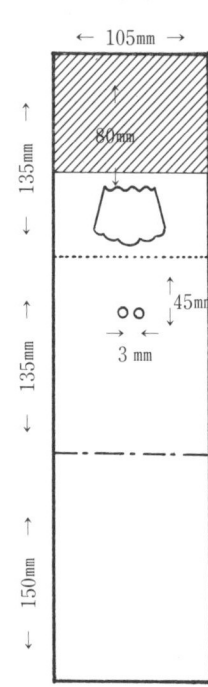

花が咲く　カーネーション

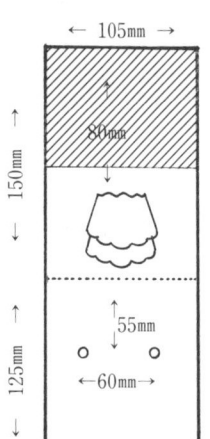

① 中厚の台紙用紙と表紙用紙を用意し、図のような寸法で折り目をつける。それぞれに窓と穴（直径5mm位）を開ける。

② 色画用紙を型紙の形に切り抜く。左右対称のB, B'は2つ折にして重ねて切り抜く。

③ 台紙の穴の上にAを貼り、穴の下にDを貼る。このときDの顎の部分は台紙に貼らず、Cを顎の部分の内側に貼る。図②

④ B, B'の花を谷折に折り、A.Cの間から穴にそれぞれの柄の部分を通す。さらに表紙の内側から穴に通し、花が閉じた状態で裏止めする。裏止めは表紙と同じ紙を1cm位の円に切って貼る。

⑤ 表紙と窓を開けた台紙を図①の上辺を揃え、窓の上7cm位（斜線部）をべたに貼り合わせる。表紙の表を飾ってでき上がり。

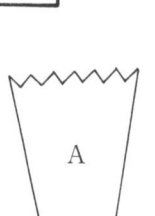

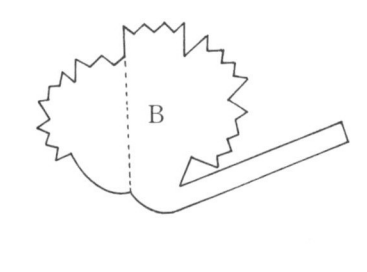

① 台紙内側　　表紙内側

②

③

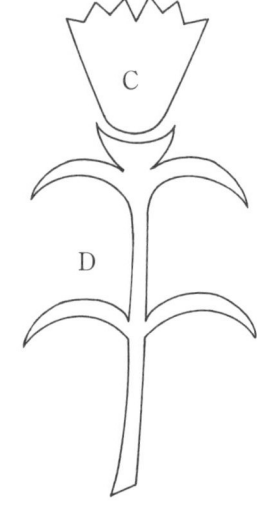

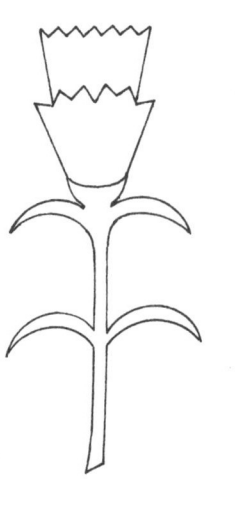

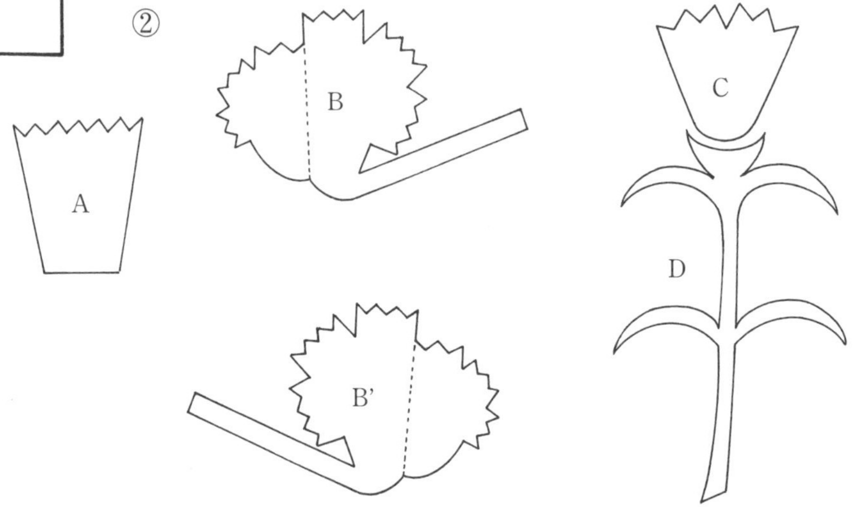

④ 花が閉じた状態
左側の穴に通す　　右側の穴に通す

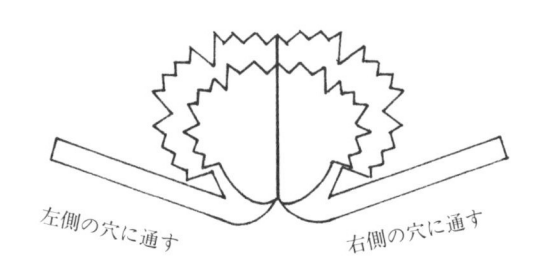

⑤ 完成図↓　開いた図→

カーネーション
◆台紙と表紙は28頁の①と同じ。
◆柄の付いた花びらBは左右対称のものを作る。

型紙

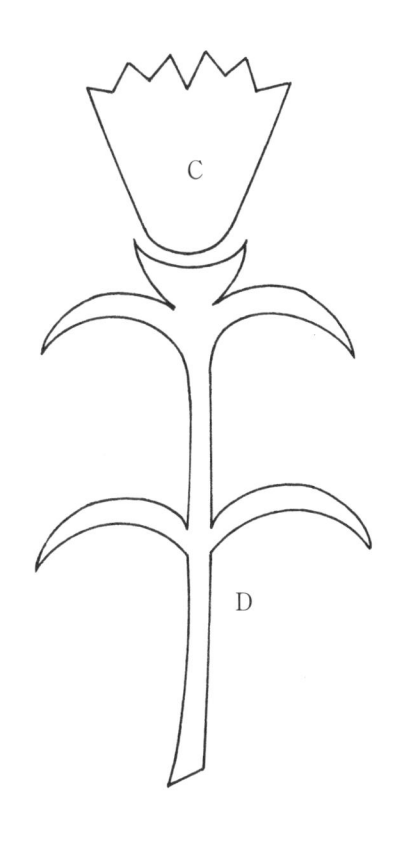

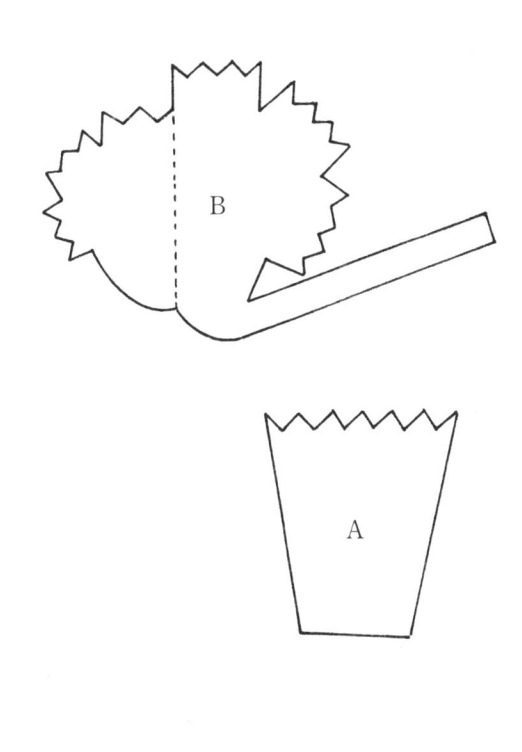

コスモス
◆台紙と表紙は28頁の①と同じ。
◆柄の付いた花びらBは左右対称のものを作る。

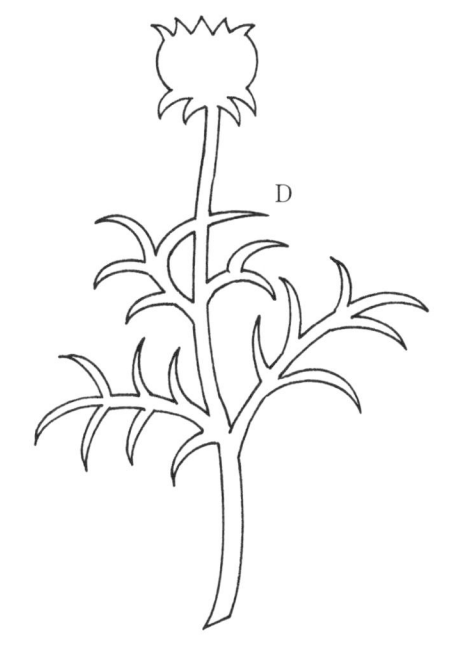

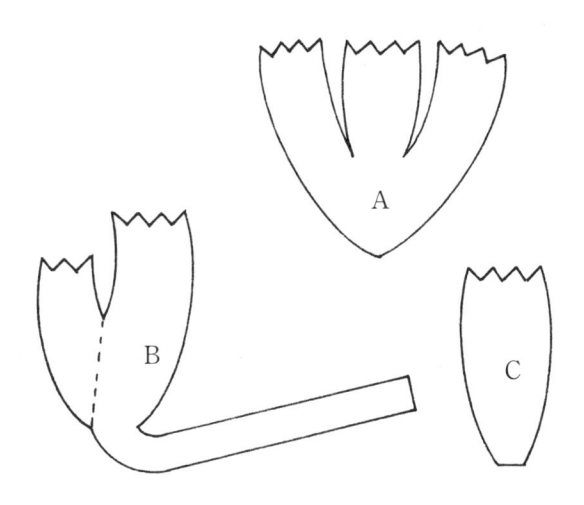

型紙

チューリップ
◆台紙と表紙は28頁の①と同じ。
◆柄の付いた花びらBは左右対称のものを作る。

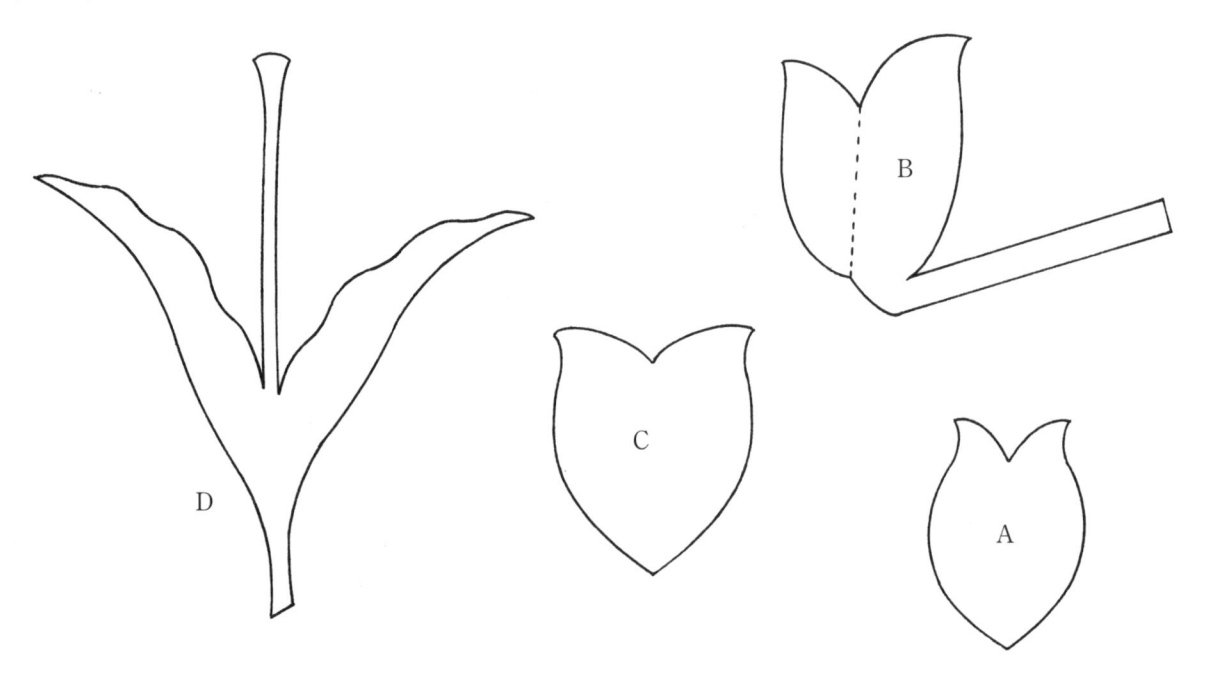

A B C D

花束の包みと窓
◆窓の形やリボンはいろいろ工夫してください。

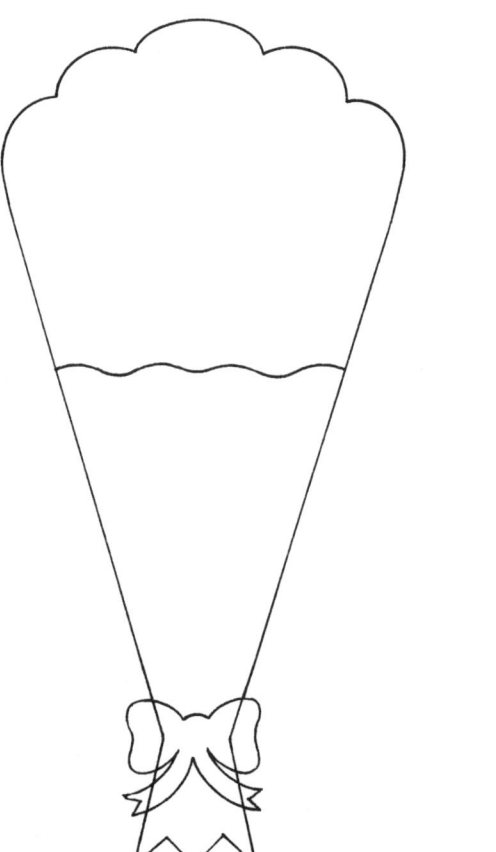

クロスする花びら　ヒマワリ

① 型紙にそって花と葉を切り抜く。花は厚での黄と橙々の色紙を、紙の裏面同士を重ねて、切り抜く。
　花芯として、直径38mm（茶色）と15mm（黄土色）の円を各2枚切り抜き、花の中心に貼る。

② 台紙（165mm×220mm）を用意し、図の位置に花を裏側にしてノリしろ部分を貼る。左の花は上から中心に、右の花は下から中心に切り込みを入れる。この時、左の花の下部に葉の額部分を貼る。

③ 左右の花をノリしろの折線に沿って内側に折込み、上下の切り込み部分をはめ込む。→完成図

①

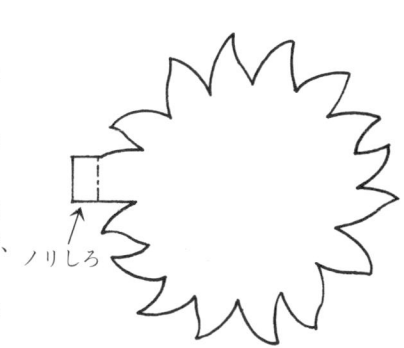

②　←35mm→　←35mm→
　　←35mm→　　　←35mm→
　　ノリしろ　　ノリしろ

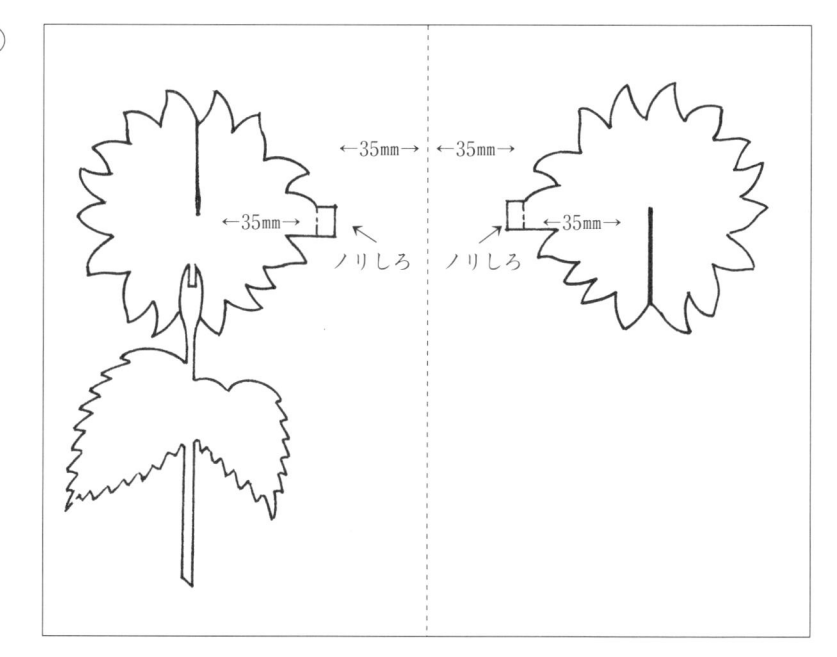

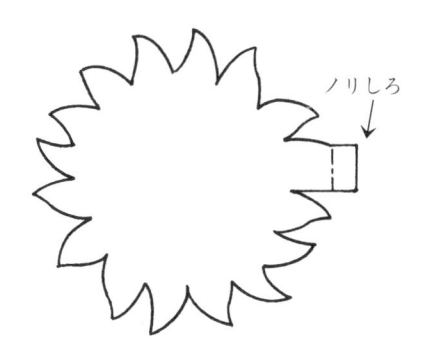

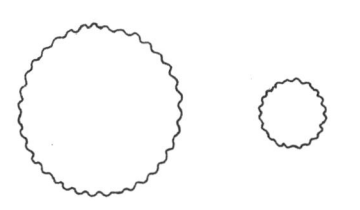

③ 完成図

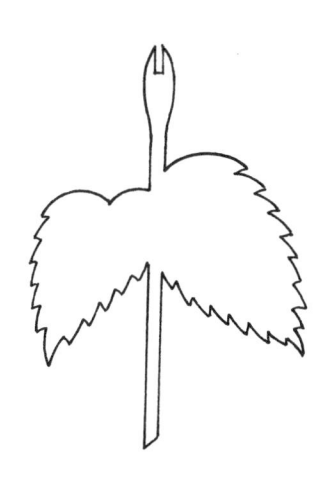

型紙

ヒマワリ

◆花は左右対称のものを作る（色を変えたほうが面白い）。
◆台紙は（165mm×220mm）を2つ折り。
◆花芯の部分として、直径38mmと15mmの円を各2枚。
◆貼り位置は台紙の中心線より左右各35mm。

↙ノリしろ

チューリップ

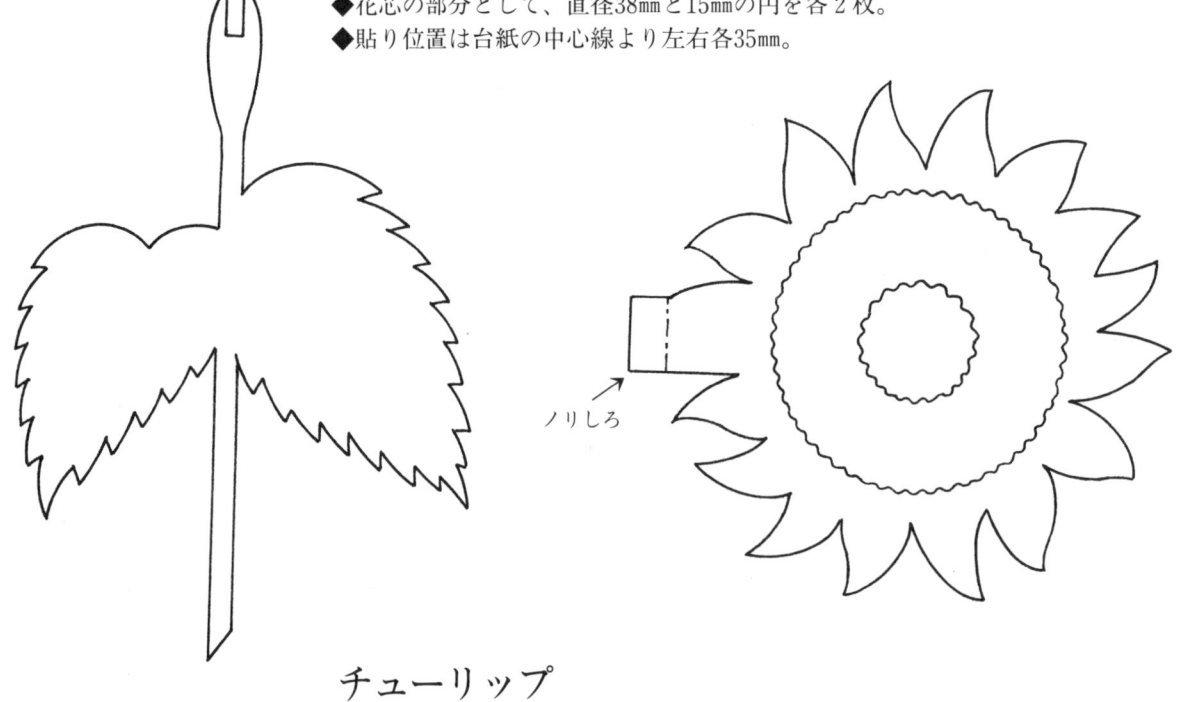

◆花は左右対称のものを作る（色を変えたほうが面白い）。
◆台紙は（165mm×220mm）を2つ折り。
◆貼り位置は台紙の中心線より左右各25mm。

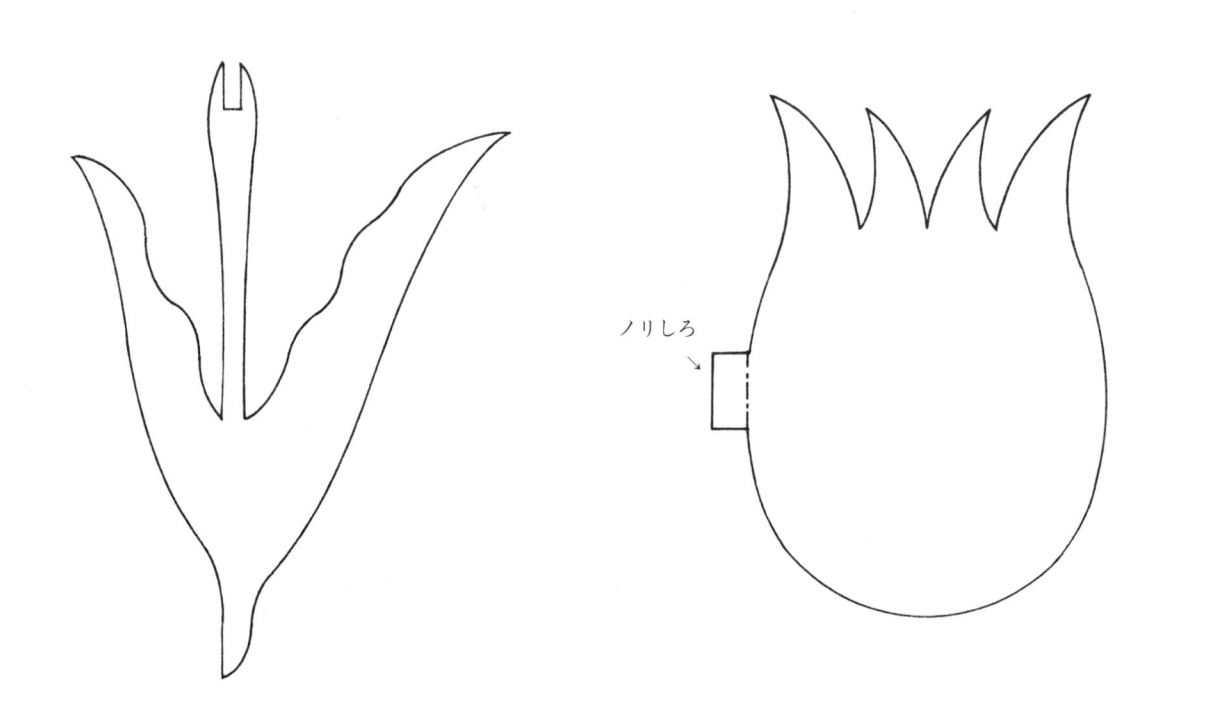

↙ノリしろ

コスモス

◆花は左右対称のものを作る（色を変えたほうが面白い）。
◆台紙は（165mm×220mm）を2つ折り。
◆花芯の部分として、直径15mmの円を2枚。
◆貼り位置は台紙の中心線より左右各35mm。

ノリしろ

カーネーション

◆花は左右対称のものを作る（色を変えたほうが面白い）。
◆台紙は（165mm×220mm）を2つ折り。
◆貼り位置は台紙の中心線より左右各35mm。

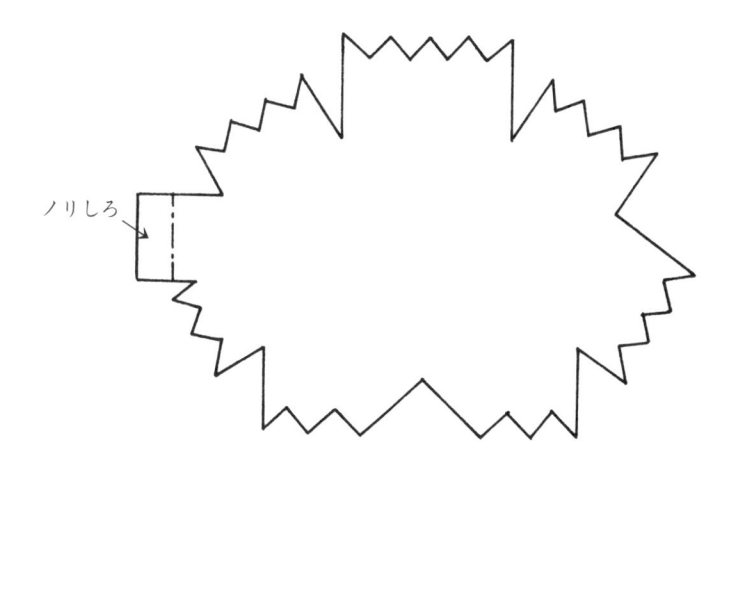

ノリしろ

型紙

花の心　チューリップ

①型紙にそって葉とA.B2種類の花弁を切り抜き、Cのように重ねて貼る。
　葉は顎の部分が花に隠れるように少し上部を加える。
②ハートは色紙を2つ折りにして型紙の形に切り抜く。ハートとつなぎの部分に
　つなぎの幅の半分まで切り込みを入れる。左は上から、右は下から半分。
③台紙（165mm×230mm）を用意し2つに折って表紙に葉と花を貼る。
　花は①のC図の線で谷折りに折り、右の部分を貼る、葉は花の下に顎が隠れる
　位置に貼る。ハートは③図のようにノリしろの部分で貼り、ノリしろの端から
　折って立ち上げ、上下の切り込み部分を差し込む。

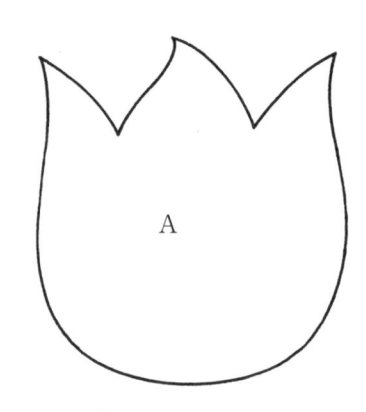

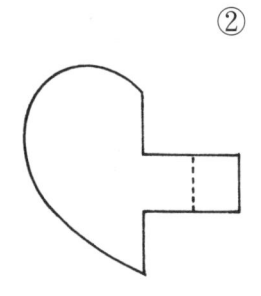

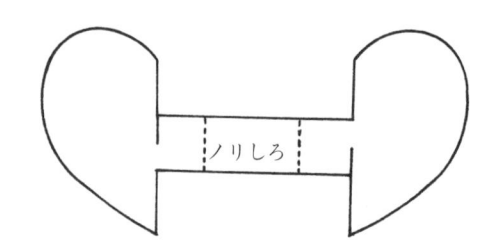

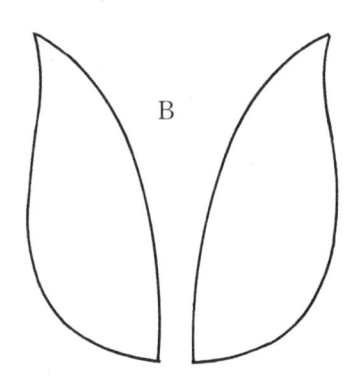

①

A

B

C

②

ノリしろ

③

完成図

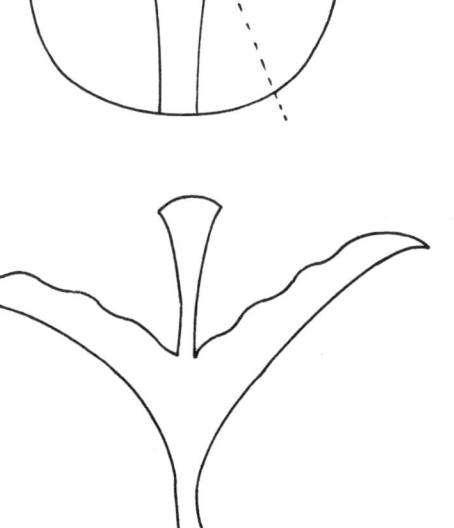

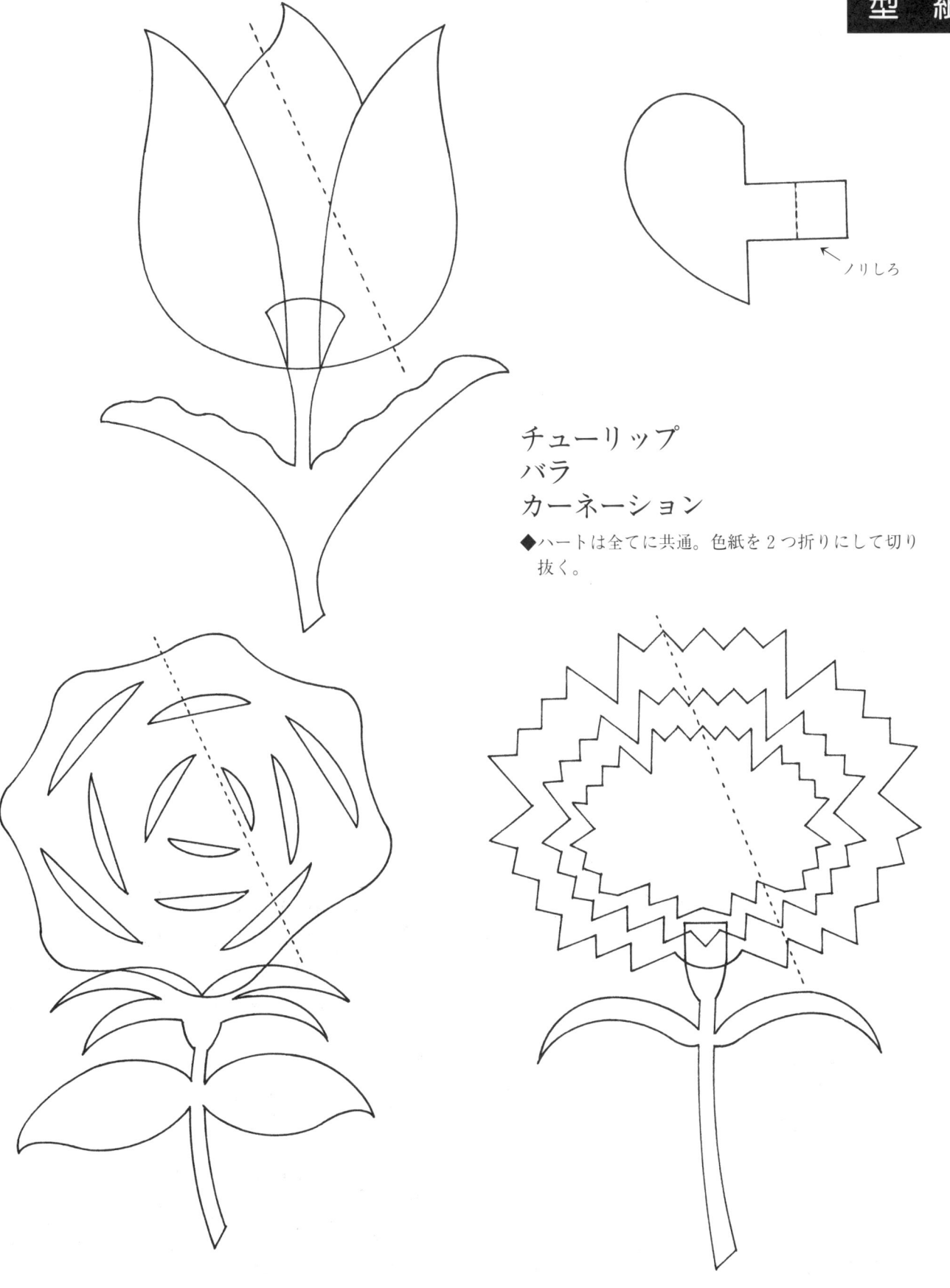

型紙

← ノリしろ

チューリップ
バラ
カーネーション

◆ハートは全てに共通。色紙を2つ折りにして切り抜く。

ダブルハート　　金の矢

①中厚の台紙（115mm×300mm）を2つ折にして型紙にそって切り抜き、ハート型の窓の中に小型のハートを残す。この時、小型のハートの片方の右にノリしろを作る。鳥は線を切り抜く。

②薄めの赤の色紙を2つ折りにし、小型のハートと同じ形を切り抜く。この時右端は5mm位切らずに残してつなげておく。さらに堅めの金色の紙を二つ折りにして矢を抜く（2本）。

③台紙の小型のハートをノリしろのところで貼ってつなぎ、赤のハートを被せて貼る。アクリルの細い棒（3mm×25mm）を2本作り、矢羽の部分に貼り、矢がハートの中心をさすように台紙の内側から貼る。この時矢が1本に見えるように貼る。

①

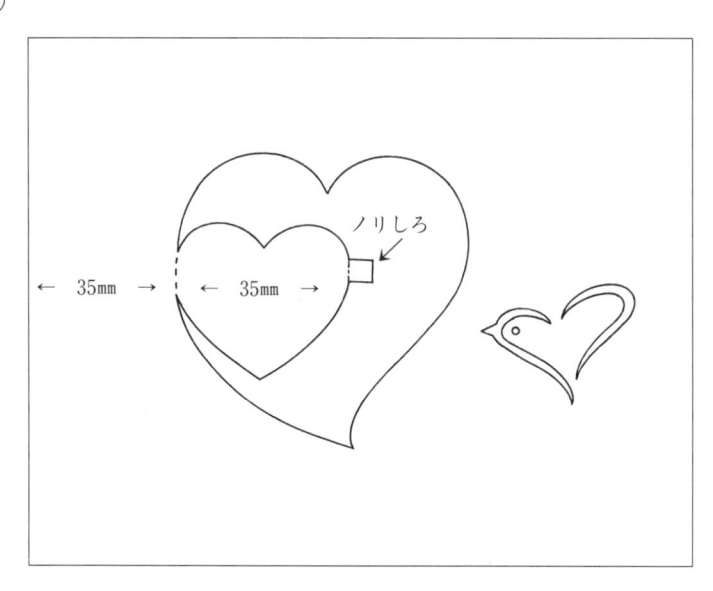

②

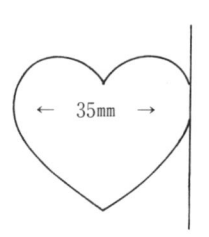

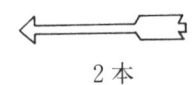

③

完成図

金の矢

◆台紙サイズ＝115mm×300mmを2つ折り。
◆他に必要なもの＝アクリルの細い棒（3mm×25mm）を2本。

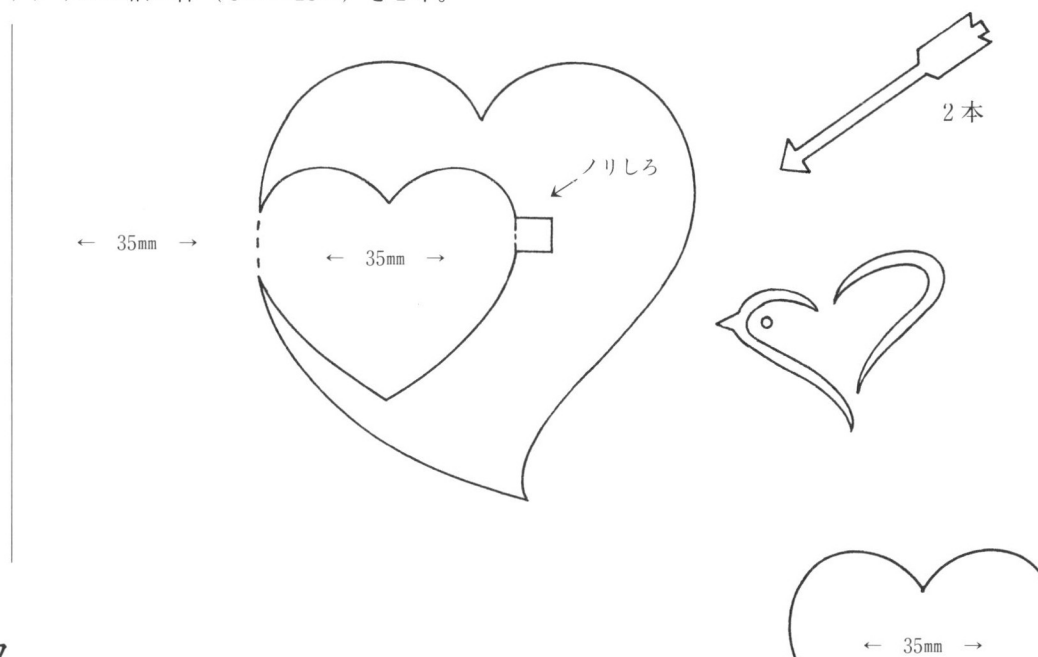

← 35mm →　← 35mm →　ノリしろ

2本

← 35mm →

バラとチョウ

◆台紙サイズ＝115mm×300mmを2つ折り。
◆他に必要なもの＝アクリルの細い棒（3mm×25mm）を2本。

← 35mm →　← 35mm →　ノリしろ

2つ

← 35mm →

型　紙

37

型 紙

青い鳥
◆台紙サイズ＝115mm×300mmを2つ折り。
◆他に必要なもの＝アクリルの細い棒（3mm×25mm）を2本。

← 35mm →　← 35mm →　ノリしろ

2つ

← 35mm →

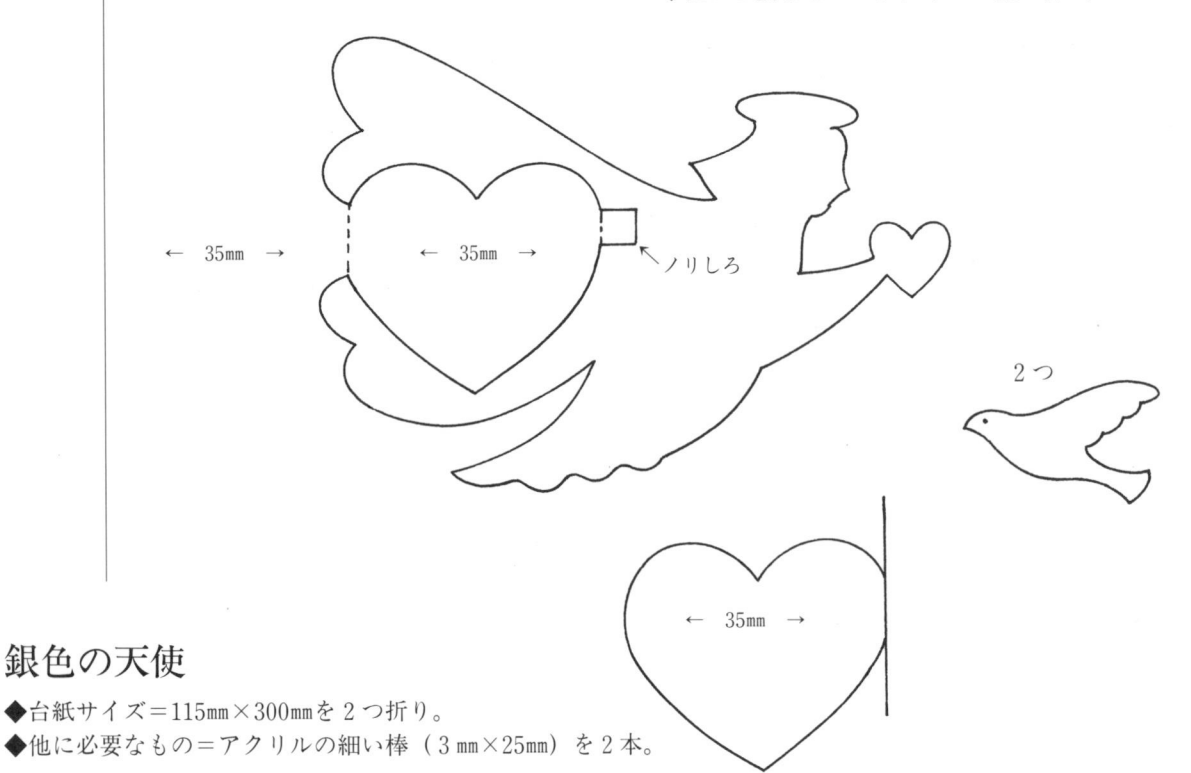

銀色の天使
◆台紙サイズ＝115mm×300mmを2つ折り。
◆他に必要なもの＝アクリルの細い棒（3mm×25mm）を2本。

← 35mm →　← 35mm →　ノリしろ

2つ

← 35mm →

38

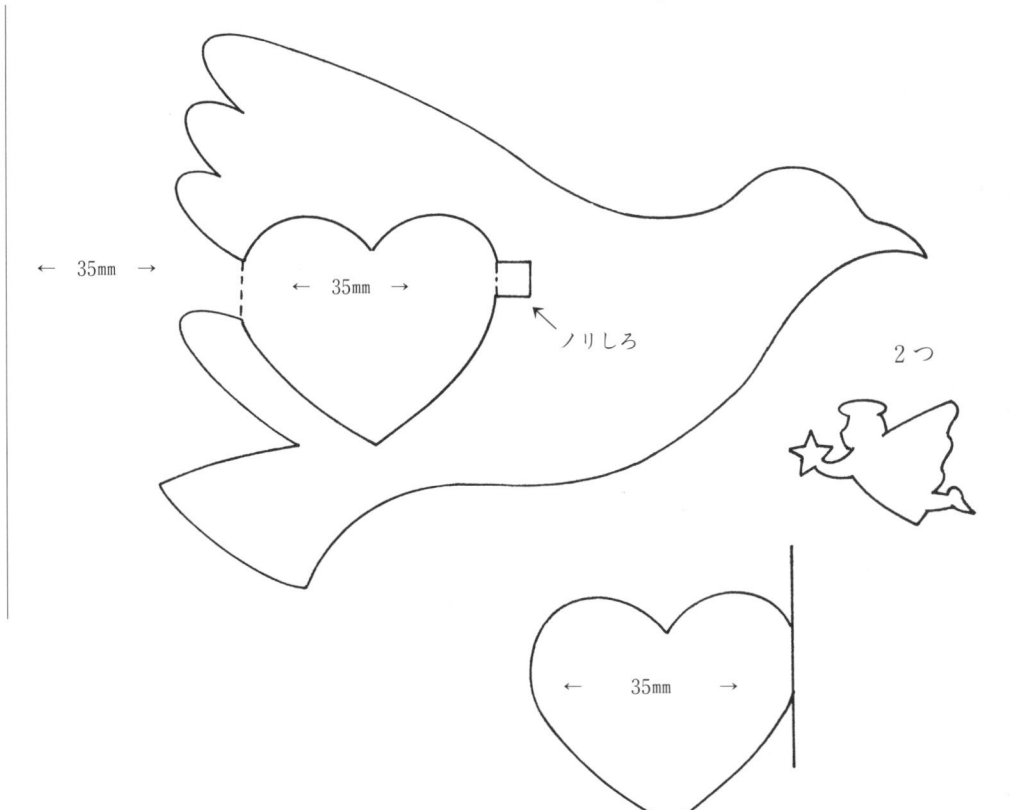

雪の双子　エンジェル

① 白の台紙（105mm×330mm）を2つ折りにし、折り線の内側45mmの位置に型紙の形を切り抜く。
② Aの部分の片方にだけノリしろを作り、もう一方の内側にノリづけする。
③ 絵柄のまわりに大きさの違うポンチで穴を開け、雪景色を作る。天使のハートはカールクラフトパンチを使用。
④ バックに色紙をひくと効果的。

型紙

← 45mm →

トナカイ

型紙

ツリー

ベア

テーブル飾り　スノーマン

型紙はAB2種類を1図で示してあります
A ☐　B ☐　共通 ☐

①型紙からA.Bの2つの形を切り抜く。この時、大きな円の中心線に沿って1mm幅で、それぞれ幅の半分までの切り込みを、Aは内側上下に、Bは外側上下に入れる。
②雪ダルマの顔の各部分、手、帽子や他の飾りを切り抜きAに貼る。
③BをAの中に通し、下の切り込みをはめ、次に上の切り込みをはめる。

①

A

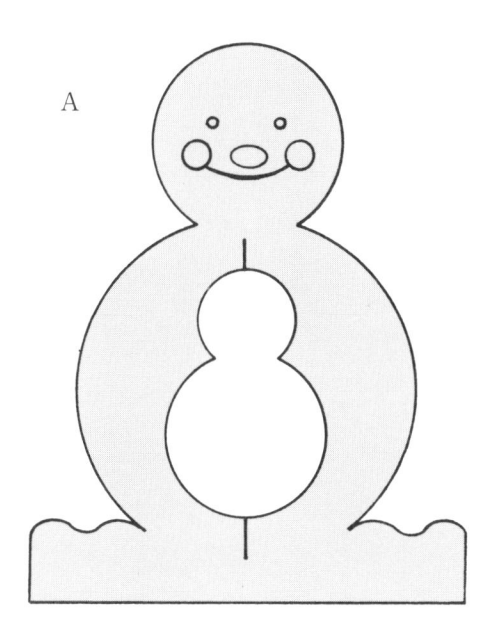

②

B

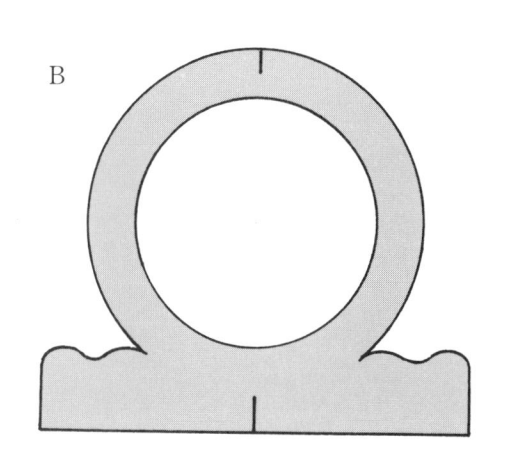

完成図

③

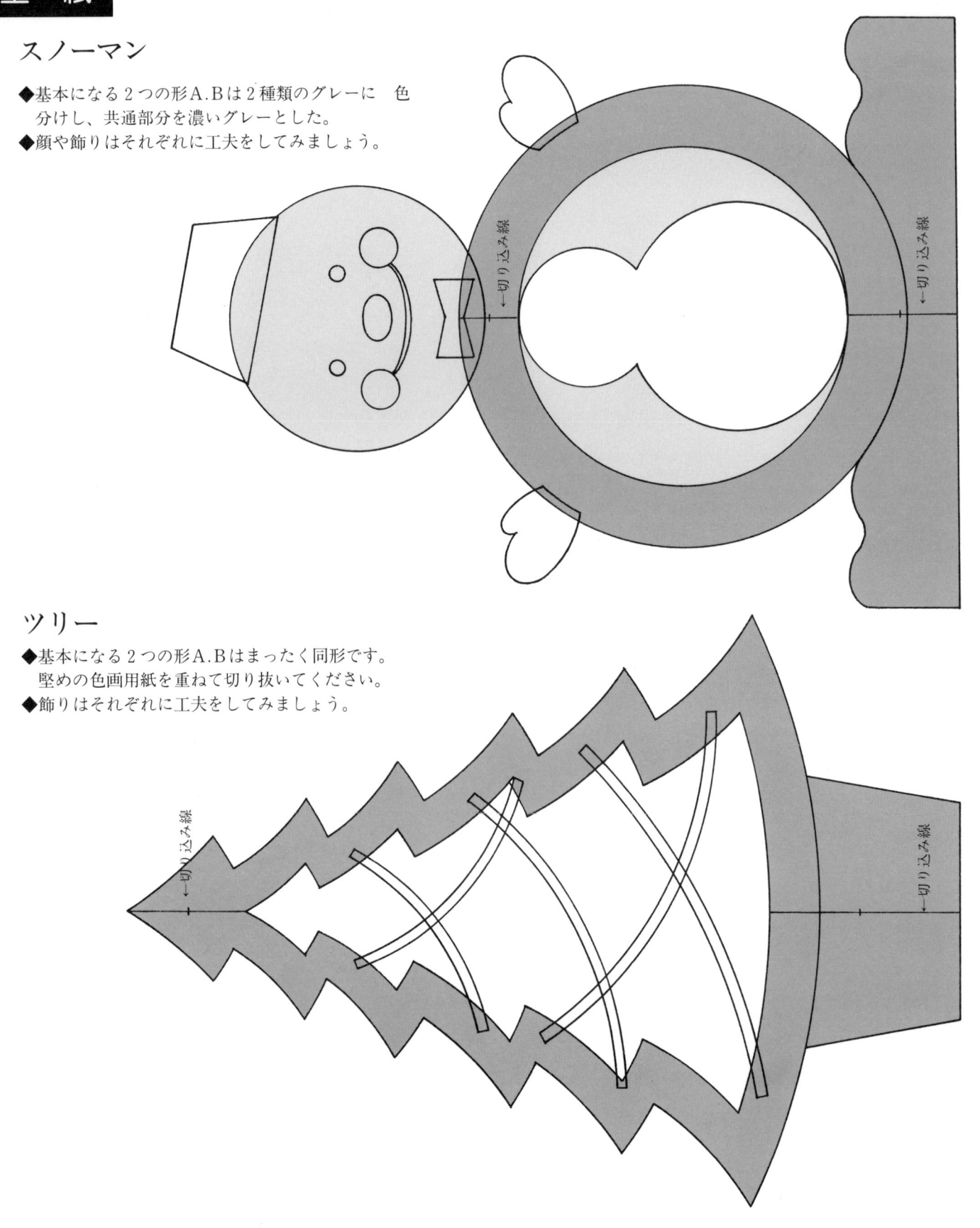

型紙

スノーマン

- 基本になる2つの形A.Bは2種類のグレーに色分けし、共通部分を濃いグレーとした。
- 顔や飾りはそれぞれに工夫をしてみましょう。

ツリー

- 基本になる2つの形A.Bはまったく同形です。堅めの色画用紙を重ねて切り抜いてください。
- 飾りはそれぞれに工夫をしてみましょう。

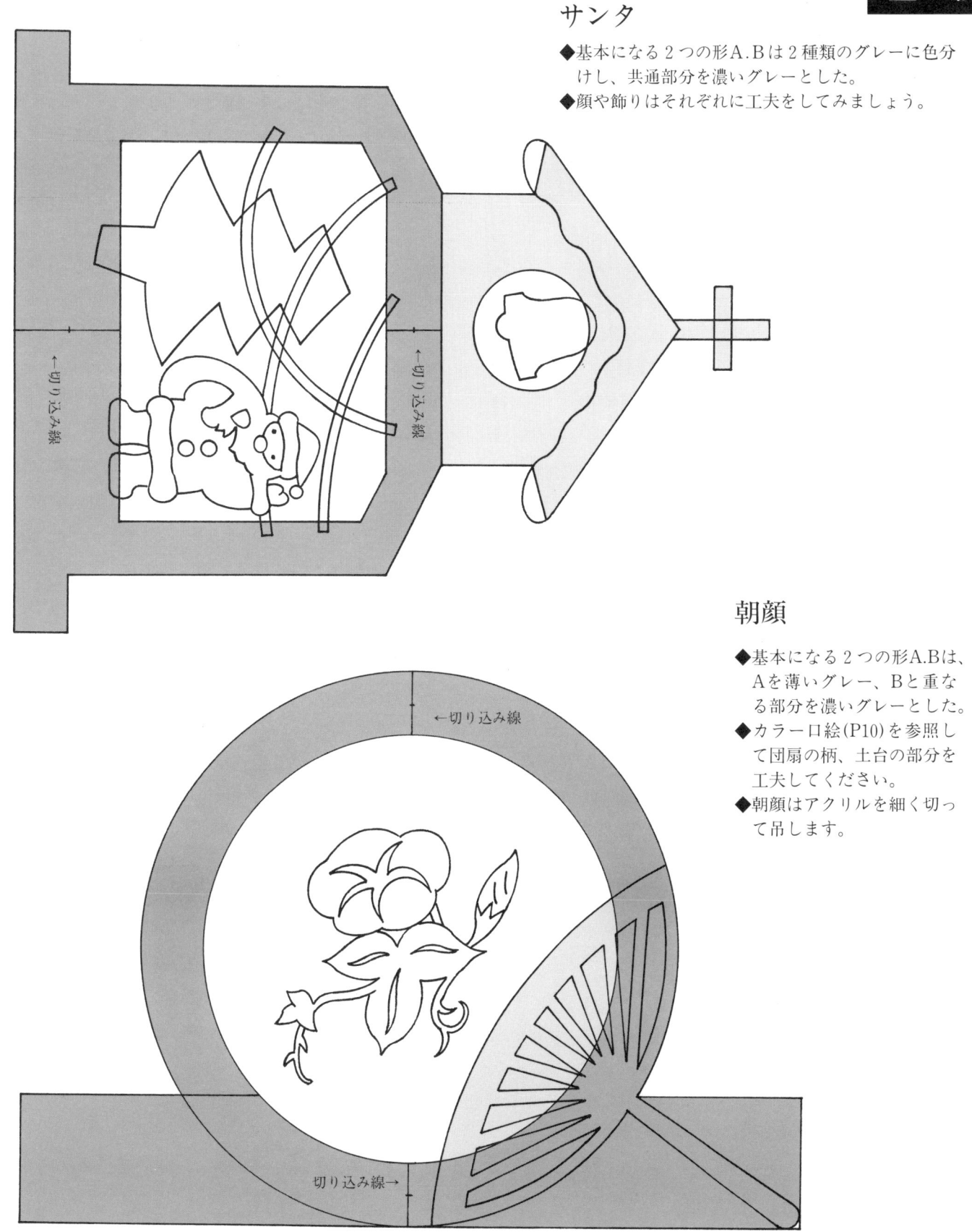

型紙

サンタ

◆基本になる2つの形A.Bは2種類のグレーに色分けし、共通部分を濃いグレーとした。
◆顔や飾りはそれぞれに工夫をしてみましょう。

←切り込み線
←切り込み線

朝顔

◆基本になる2つの形A.Bは、Aを薄いグレー、Bと重なる部分を濃いグレーとした。
◆カラー口絵(P10)を参照して団扇の柄、土台の部分を工夫してください。
◆朝顔はアクリルを細く切って吊します。

←切り込み線
切り込み線→

型紙

ラッコ

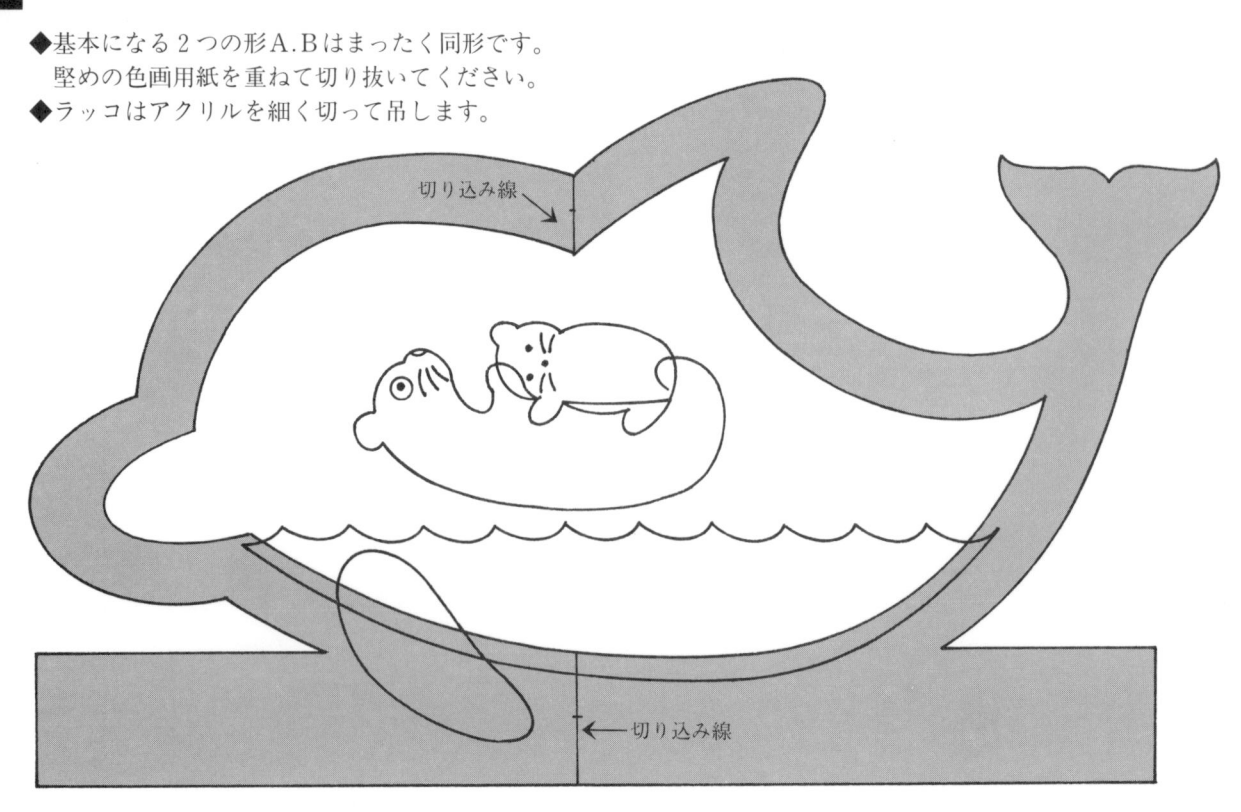

◆基本になる2つの形A.Bはまったく同形です。堅めの色画用紙を重ねて切り抜いてください。
◆ラッコはアクリルを細く切って吊します。

切り込み線

←切り込み線

トロピカルフィッシュ

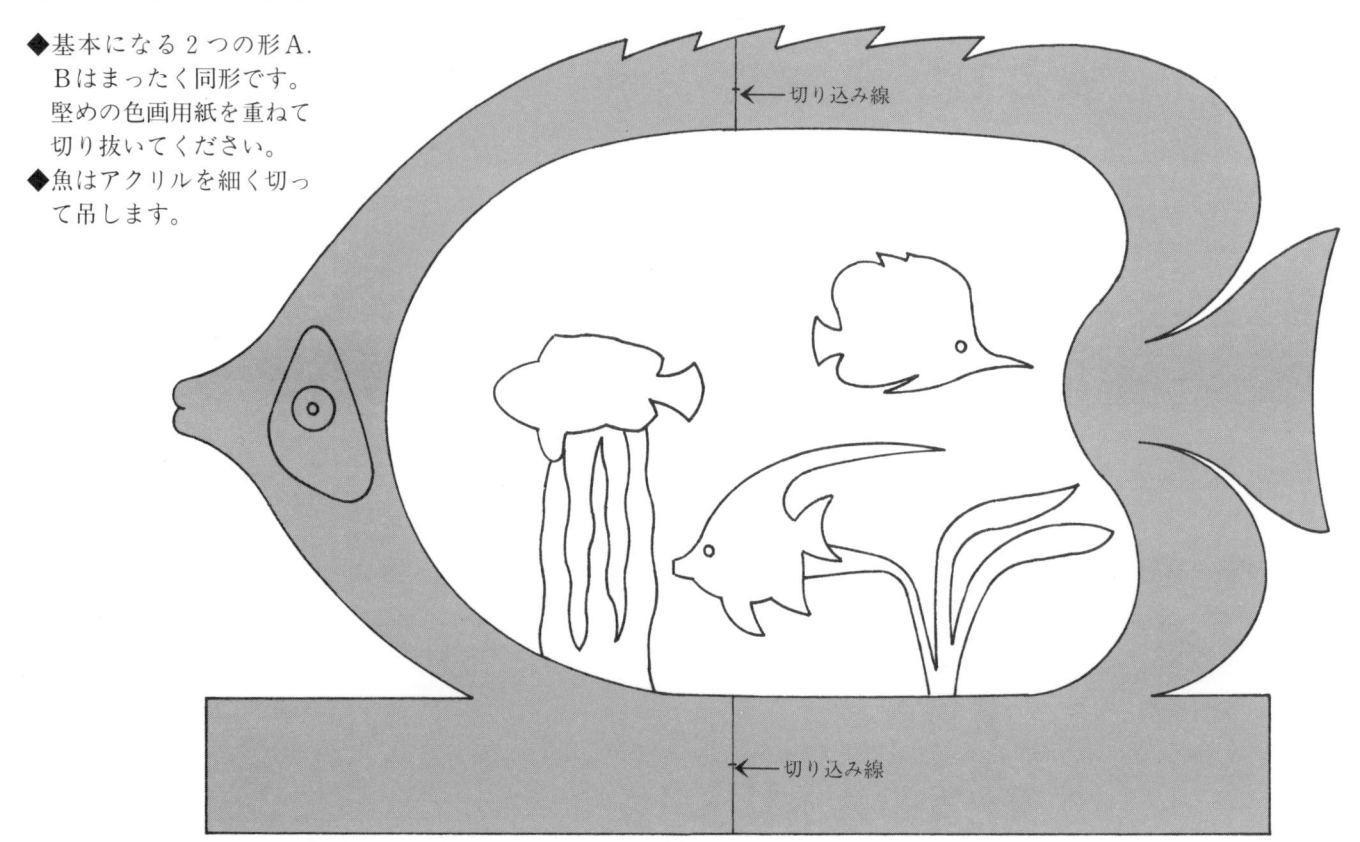

◆基本になる2つの形A.Bはまったく同形です。堅めの色画用紙を重ねて切り抜いてください。
◆魚はアクリルを細く切って吊します。

←切り込み線

←切り込み線

動物家族　ペンギン

①型紙にそって4匹のペンギンを切り抜く。各部分は色を変えて切り抜く。（P12参照）
　《長方形の部分はジャバラの位置を示すもので、切り抜くときは無視してください。》
②30mm×80mmの中厚の紙を2枚用意し、図のように10mmの幅で交互に谷折りと山折りに折る。
③台紙に②のジャバラを3mmの幅を開けて、谷と谷、山と山が向かい合うように貼る。
④Aの肩にBを貼り、Aをジャバラの2つ目の谷に差し込み前でノリ付けする。3つ目の谷にCを差し込み前で貼る。Dをジャバラの一番前に貼る。

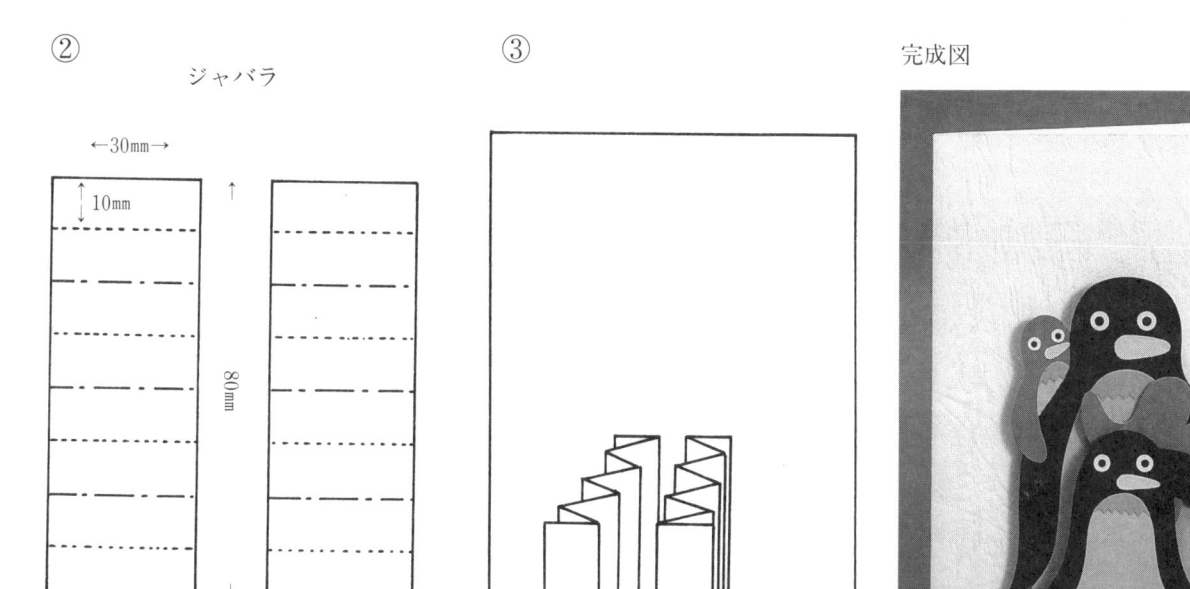

① A　B　D　C

② ジャバラ
←30mm→
10mm
80mm

③

完成図

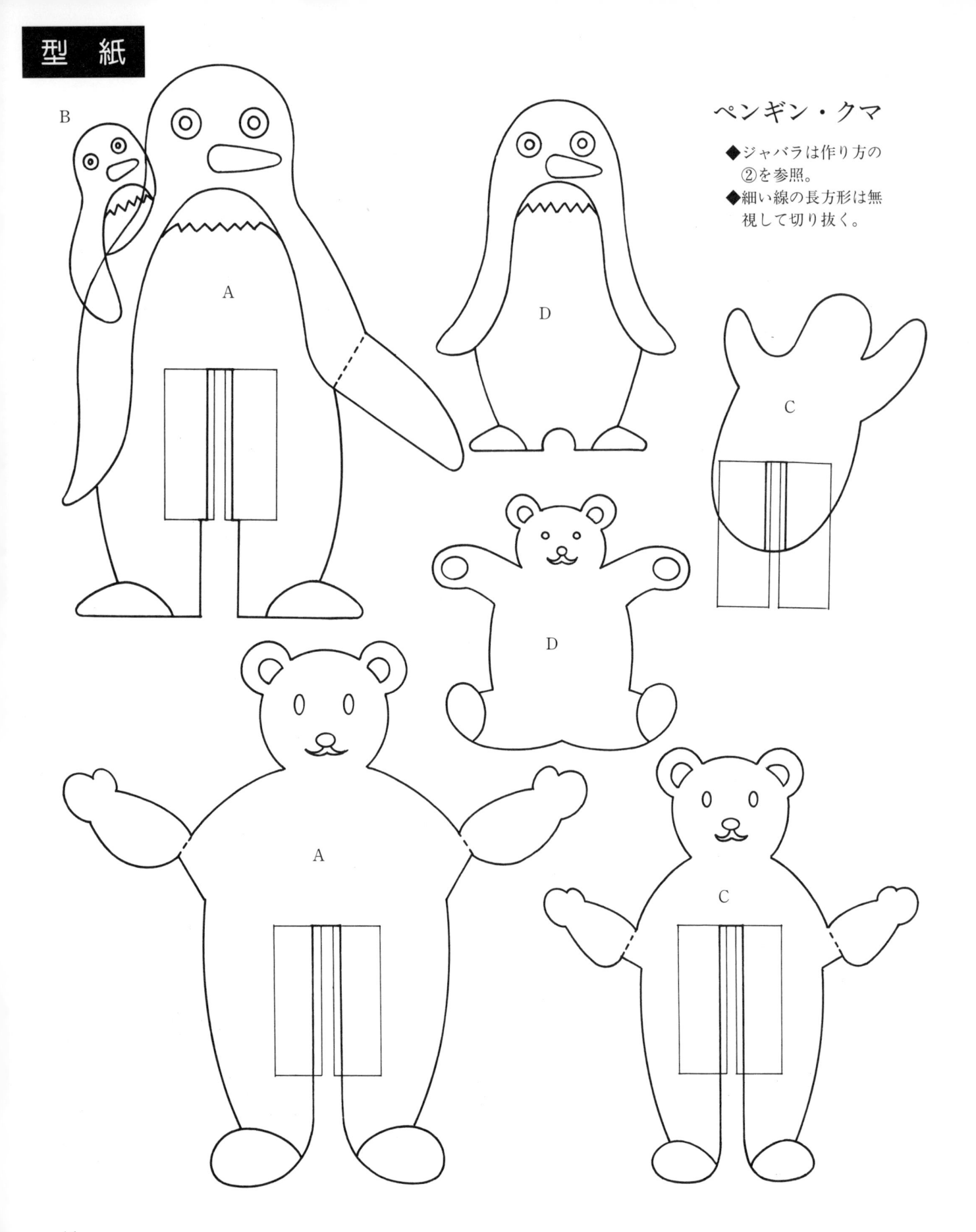

型紙

ペンギン・クマ

◆ジャバラは作り方の②を参照。
◆細い線の長方形は無視して切り抜く。

型紙

イヌ・ネコ

◆ジャバラは作り方の
②を参照。

47

花火　屋形船

①中厚の色紙を2つ折りにして型紙にそって、切り抜く。この時、手前にくる船に窓を開け、裏から黄色の紙を貼る。船頭、堤灯、竿も切り抜く。

②船と同じ色紙（80mm×80mm）を図のように20mm幅に折り、1辺が25mmの菱形を2つ作る→ジャバラ。

③図のように船を開き、下の船を台紙に貼り、②のジャバラを船の前後に水平に貼る。つなぎの部分を山、谷、山の順に折り、ジャバラのもう一方の端にノリ付けする。

④船に船頭と堤灯、竿を貼り、空に花火を飾る。花火はP13の作品を参考に色々と工夫してください。

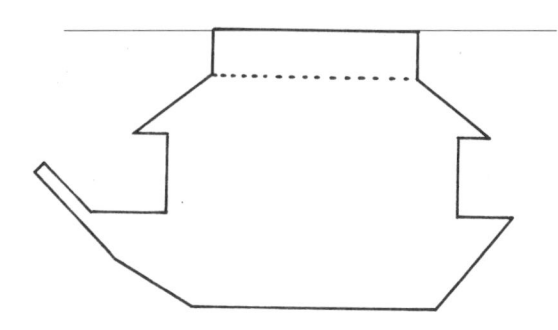

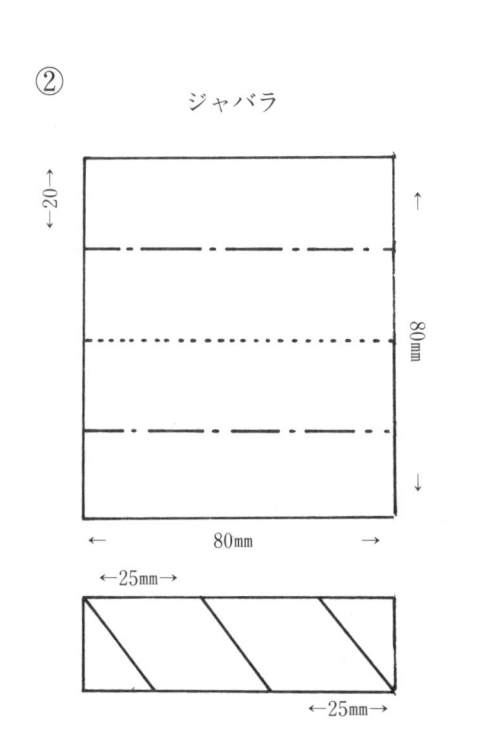

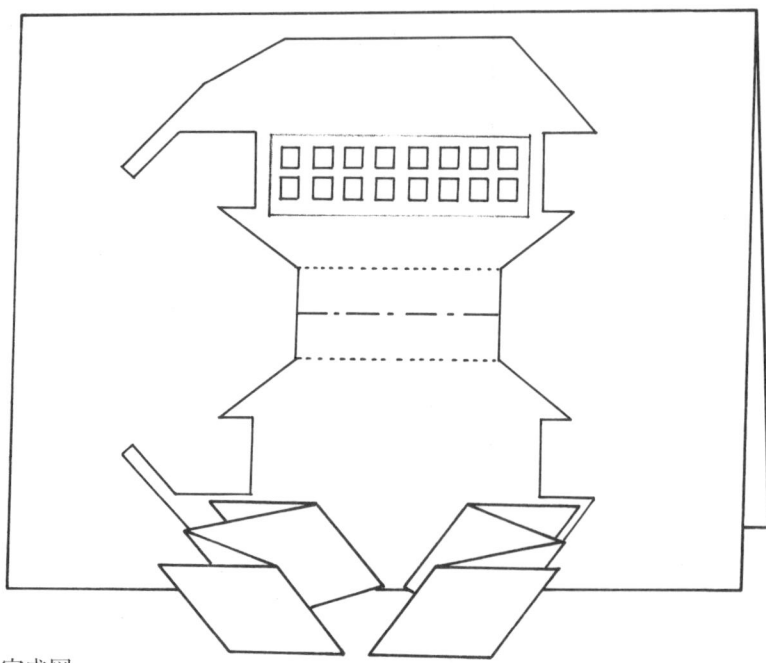

完成図

屋形船

◆船は色紙を2つ折りにして、上部をつなげた形で切り抜く。
◆台紙は（148mm×216mm）を2つに折る。やや固めで表が暗色系（夜空）のものがよい。
◆ジャバラは作り方の②を参照。
◆花火はp13を参考にして色々工夫してください。

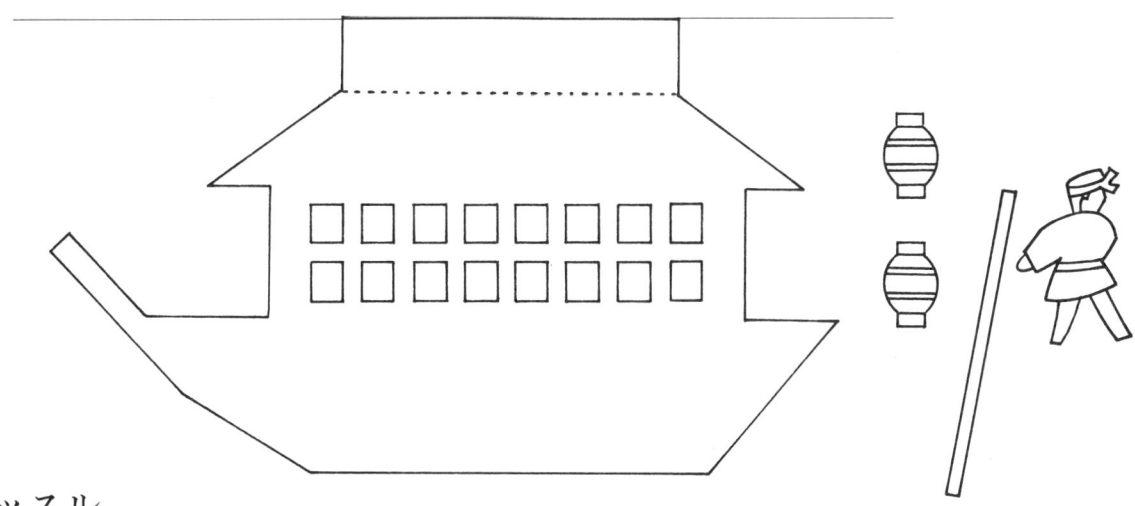

キャッスル

◆旗を除き城用の色紙で全体を切り抜き、各部分は色を変えその上に重ねて貼る〈p13参照〉。
◆台紙は（148mm×216mm）を2つに折る。やや固めで表が暗色系（夜空）のものがよい。
◆ジャバラは25mm×120mmのものを2本作り、城の裏側に貼る。
◆花火はp13を参考にして色々工夫してください。

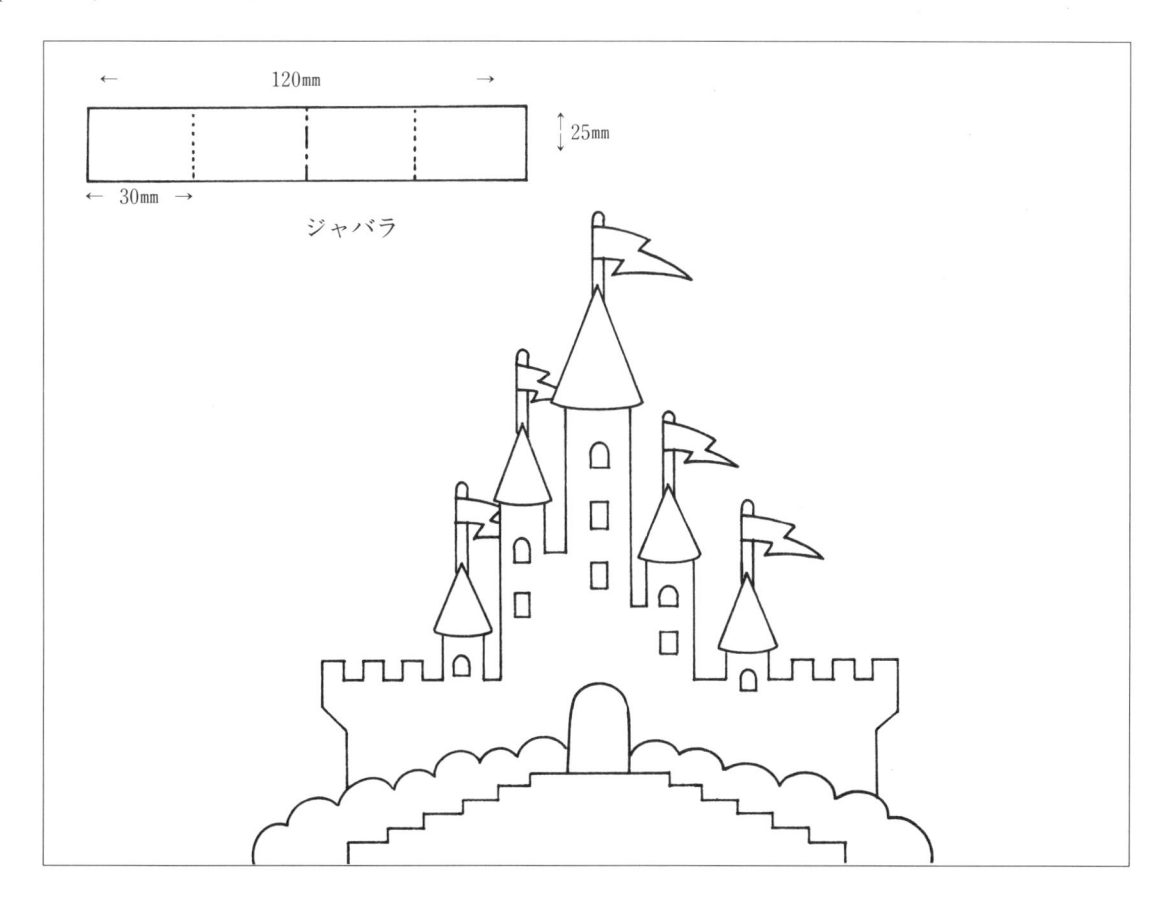

ジャバラ

| 風 鈴 | 朝 顔

型紙

①中厚の固めの紙を外円80mm内円58mm（輪）で、薄いアクリル板を直径68mmで図のように切り抜く。朝顔、短冊、飾りも型紙にそって切り抜く。
②輪と同じ紙で100mm×20mmの用紙を3つ用意し、1mm幅で谷折り山折りの順に交互に折り込みジャバラを作る。ジャバラは輪からはみ出さないように角を切り取る。
③朝顔を内側から貼ったアクリル板を輪の内側に貼る。輪の左右と上部にジャバラを貼り、2つ折りの台紙（150mm×110mm）の表に貼る。
上部のジャバラにノリ付けした細い釣糸で短冊を吊す。

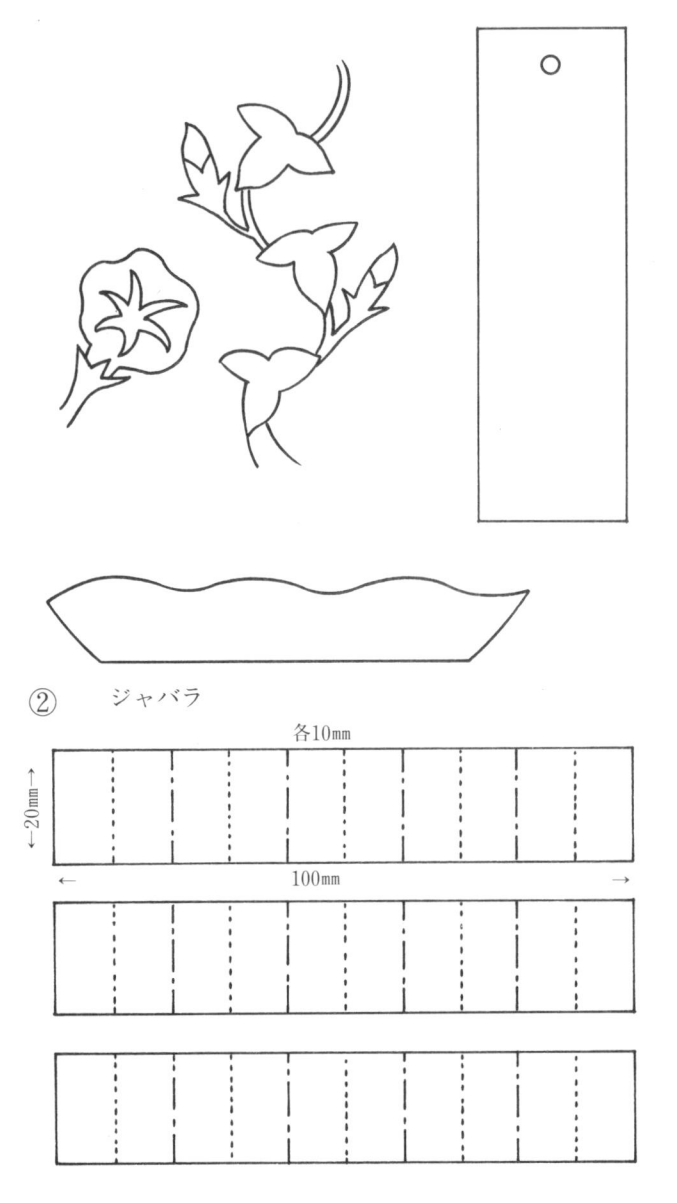

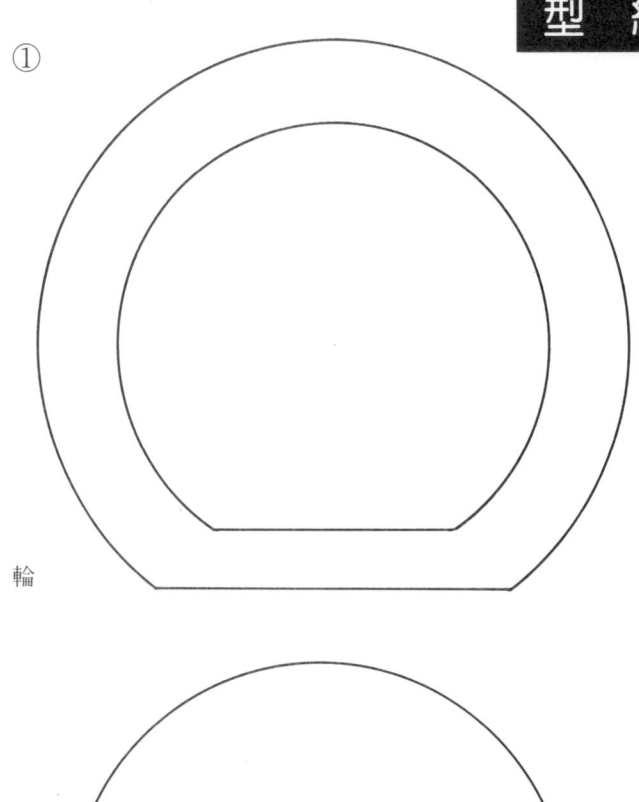

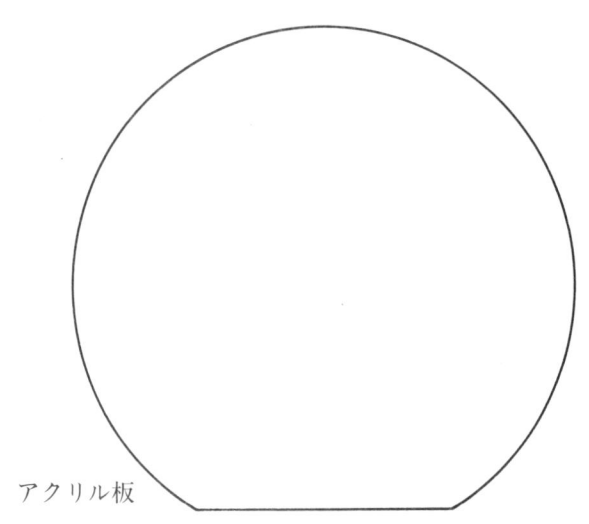

①

輪

アクリル板

完成図

② ジャバラ

各10mm
20mm
100mm

ピアノ

①赤い色紙を型紙にそって完全なハートの形に切り抜く→ピアノのフタ。(この時折れ線その他の線は無視する)
②台紙(165mm×220mm)を2つ折りにして型紙にしたがって切り抜き(bの三角は無視する)、ＡＢＤを
　谷折り、Ｃを山折りにして立ち上げる。
③a(ピアノの支え棒)、b(つなぎの三角)を切り抜き、bの❶を台紙に❷を台紙のピアノに❸を赤い
　ハートに貼ってつなぐ。aは※の位置にふたの支えとして両端を貼る(斜め折りのノリしろが下)。
④cは鍵盤、dはピアニスト、eは椅子、fは表紙のデザインとして使う。鍵盤はピアノを立ち上げる前
　に貼る。
⑤台紙より一まわり大きい色紙で表紙を作る。

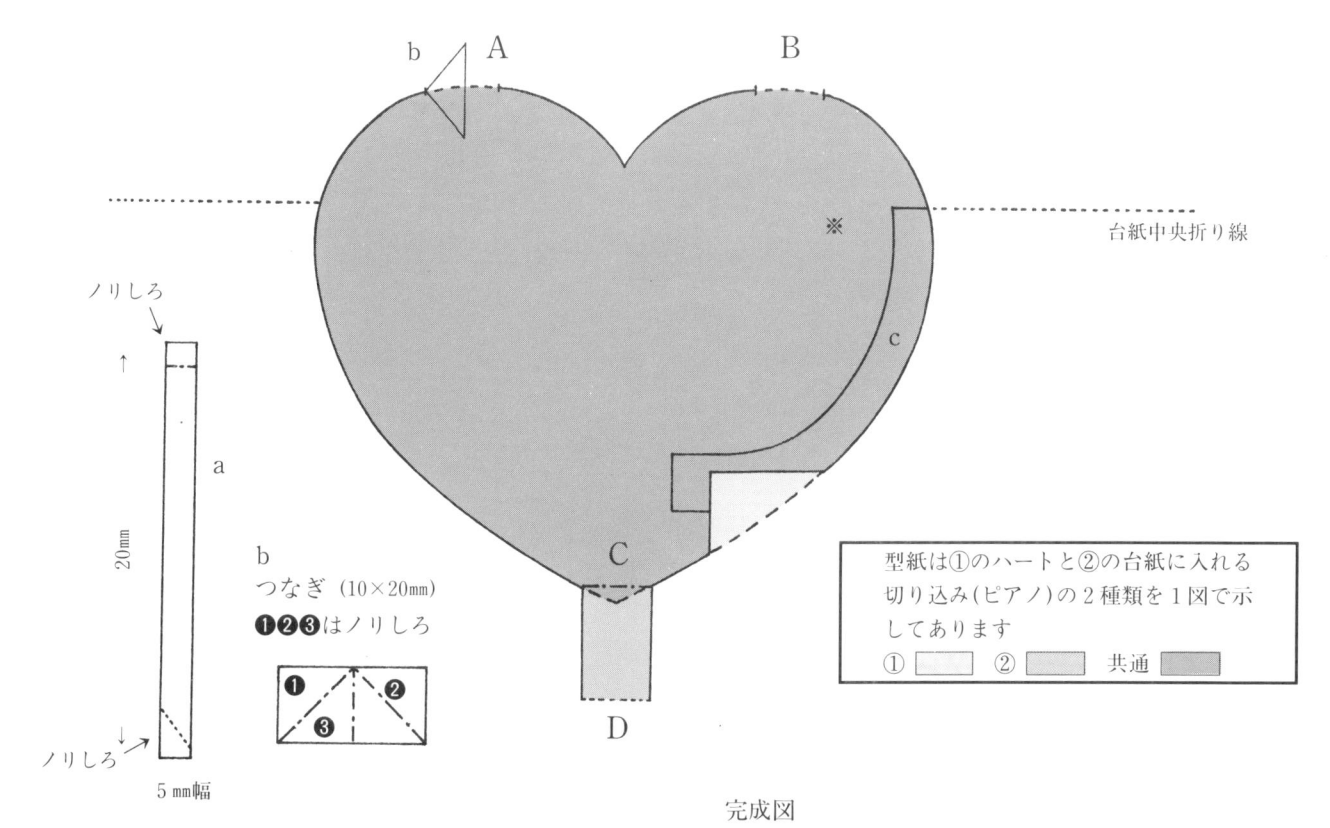

型紙

台紙中央折り線

ノリしろ
a
20mm
ノリしろ
5mm幅

b
つなぎ(10×20mm)
❶❷❸はノリしろ

型紙は①のハートと②の台紙に入れる切り込み(ピアノ)の2種類を1図で示してあります
① ② 共通

完成図

おばけ　ペンギン

①台紙（170mm×254mm）を2つ折りにし、表紙の部分にAの図柄を切り抜く。
②色紙でBとCを切り抜き、切り抜いたAの位置にBが来るようにBを貼り、さらにCを貼って絵を作る。
③目玉と舌、叫び声などを貼って絵を完成させる。
④表紙にも叫び声を付けてでき上がり（p14参照）。

型紙

完成図

ウサギ

①台紙（170mm×254mm）を2つ折りにし、表紙の部分にAの図柄を切り抜く。
②色紙でBとCを切り抜き、切り抜いたAの位置にBが来るようにBを貼り、さらにCを貼って絵を作る。
③目玉と舌、叫び声などを貼って絵を完成させる。
④表紙にも叫び声を付けてでき上がり（p14参照）。

型紙

完成図

① 表紙裏(内側左) ② 内側右

型紙

パパの日

ありがチュ！パパ

① 台紙（150mm×210mm）を2つ折りにし、表紙の部分にAの図柄を切り抜く。
② 色紙でバラの花束とクマのパパを切り抜き、切り抜いたAの位置にパパの顔が来るように貼り、さらに各部分を貼って絵を作る。
③ 表紙はのぞいたパパの顔を中心にこぐまを抱いたパパの絵柄と文字を貼る（p15参照）。

③ 表紙

ありがチュ！パパ

- ◆Aは表紙に開ける窓。
- ◆絵柄は下になるものから順に貼り重ねる。
- ◆文字は書いてもいいし、いろいろと工夫してください。(p15参照)

- ◆バラの花は緑の色紙でaを切り抜き、赤の色紙でbを切り抜く。bはさらに白い紙を裏に貼り、aの上から貼る。

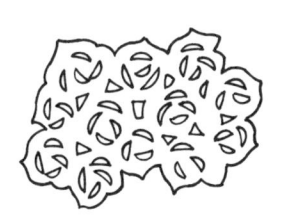

型紙

ありがチュッ！パパ

A

a　　　b

型紙

PaPa Daisuki

◆Aは表紙に開ける窓。
◆絵柄は下になるものから順に貼り重ねる。
◆文字は書いてもいいし、いろいろと工夫してください（p15参照）。

型 紙

Happy Father's Day

◆Aは表紙に開ける窓。
◆絵柄は下になるものから順に貼り重ねる。
◆文字は書いてもいいし、いろいろと工夫してください（p15参照）。

A

ポチ袋　お獅子

① 中厚の紙で台紙＝袋〈220mm×65mm〉を型紙の形に切り抜く。
② やや固めの赤い色紙でお獅子の顔、口、横棒を切り抜く。髪、眉毛、目玉、鼻も切り抜く。この時、口は紙を2つ折りにして切り抜き、開いてAの部分にそれぞれ半分切り込みを入れる。
③ お獅子の顔はBの折り線を台紙の中央の折れ線に合わせ、顔のCの部分を除き台紙に貼り、Cはノリしろ部だけを台紙に貼る。
④ 口はノリしろの部分を台紙の中央線に合わせて貼り、上下の切り込み部分を差し込む。口の下の部分に横棒を渡し、左右を折り込んでノリ止めする。
⑤ お獅子の顔を作り、台紙の下部を袋状に折りノリで止める。
（p16参照）

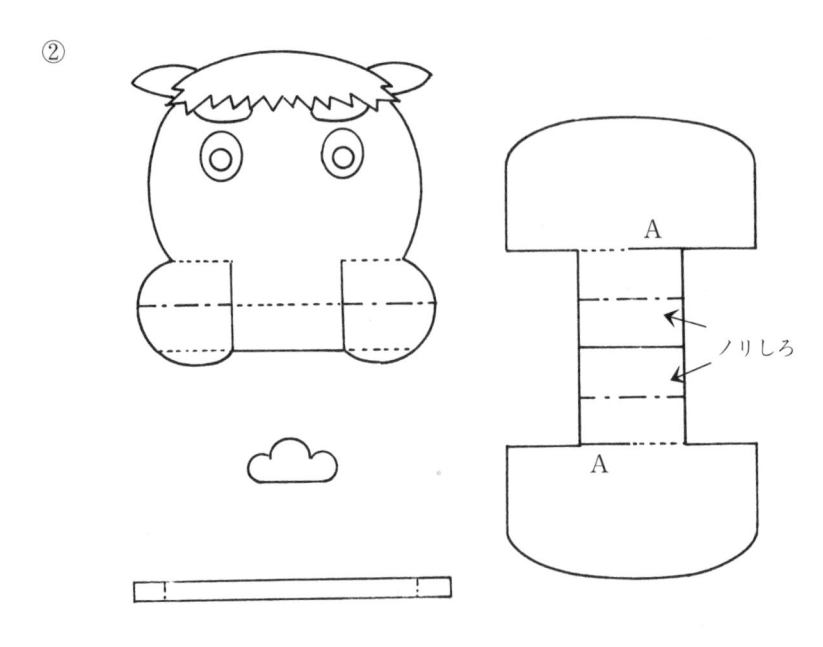

完成図

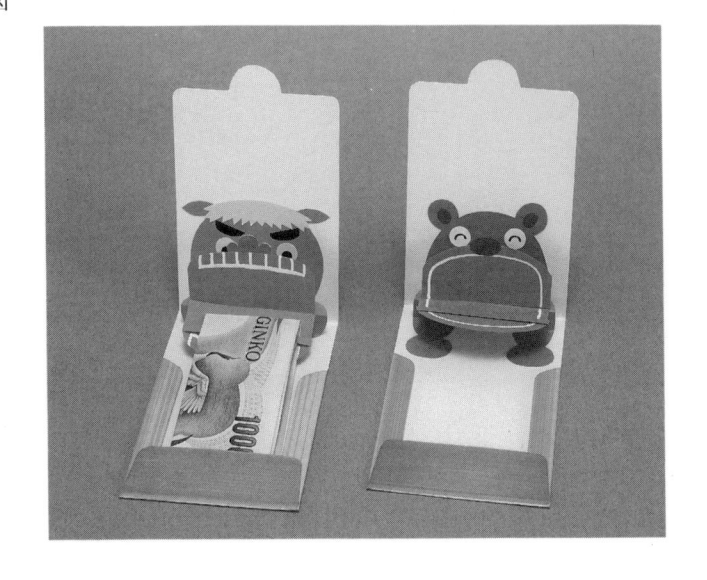

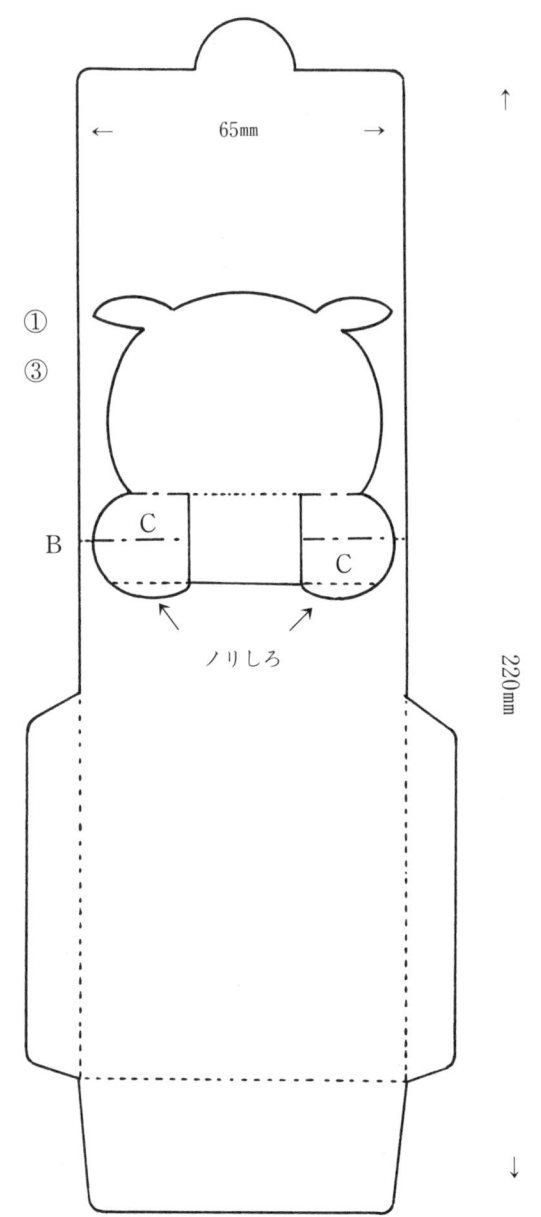

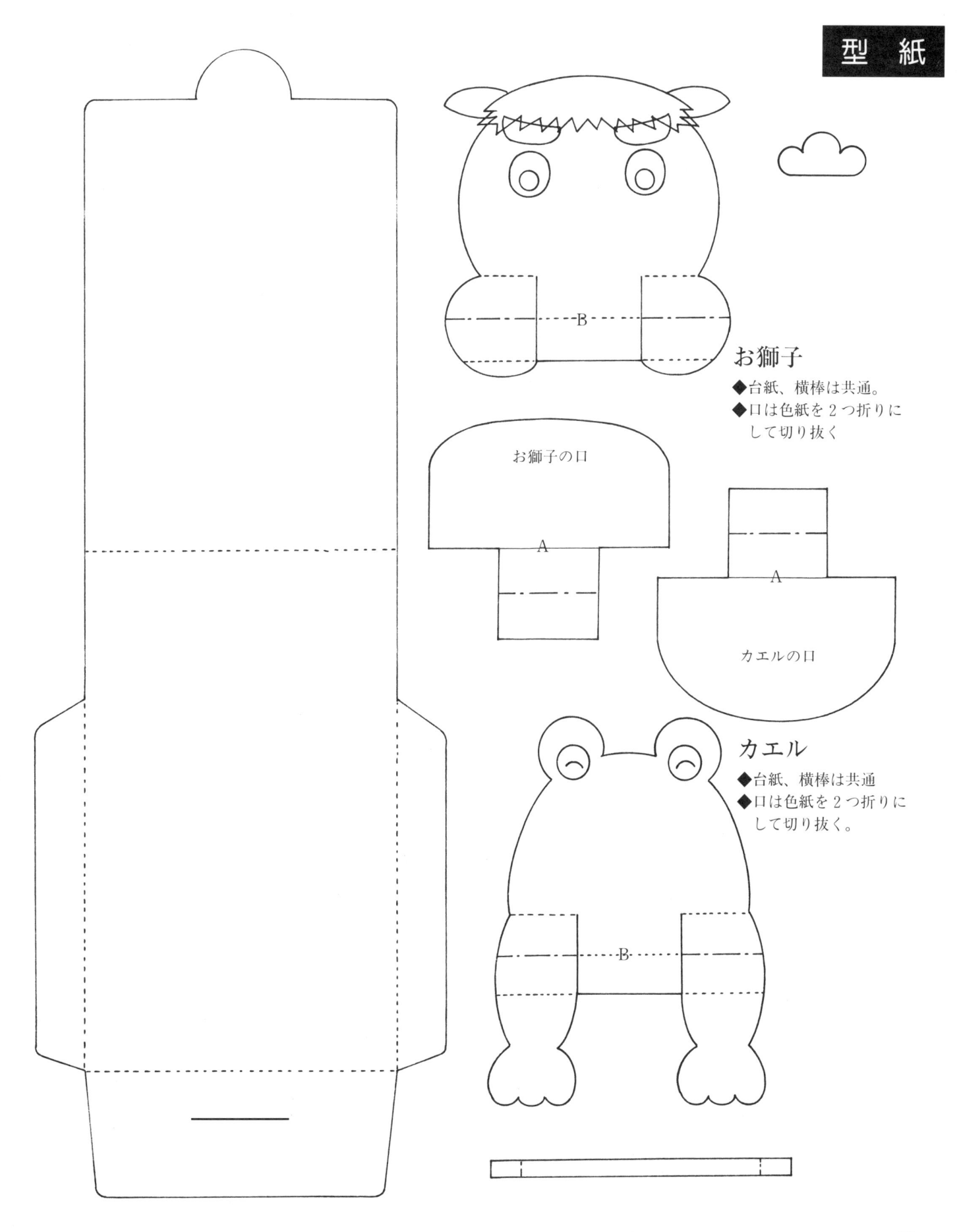

型紙

お獅子
◆台紙、横棒は共通。
◆口は色紙を2つ折りにして切り抜く

お獅子の口

カエルの口

カエル
◆台紙、横棒は共通
◆口は色紙を2つ折りにして切り抜く。

型紙

イ ヌ
◆台紙、横棒は共通。
◆口は色紙を2つ折りにして切り抜く。

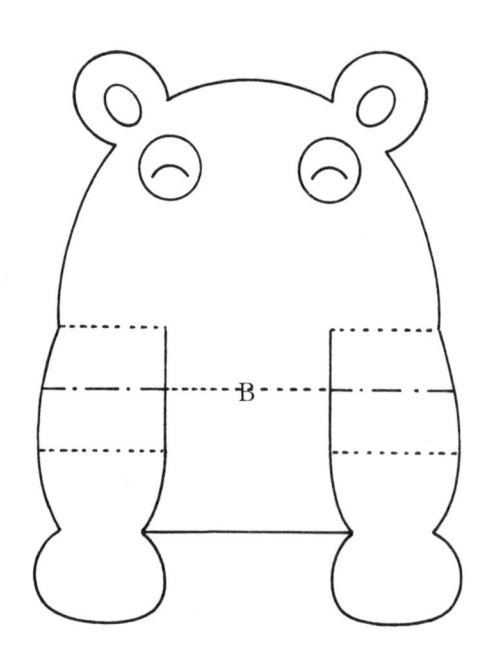

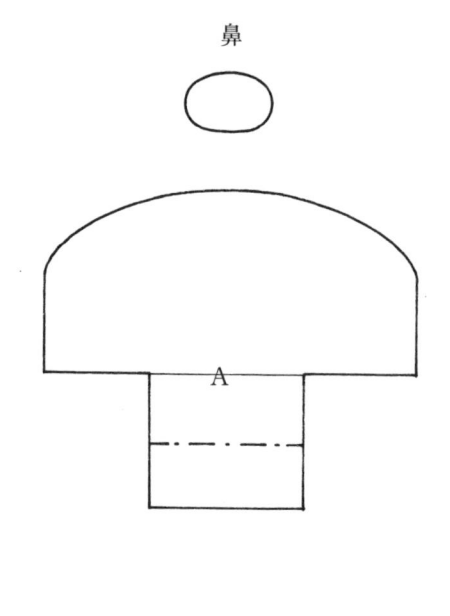

鼻

ダルマ
◆台紙、横棒は共通。
◆顔は全体を台紙に貼る。
◆口は色紙を2つ折りにして切り抜く。

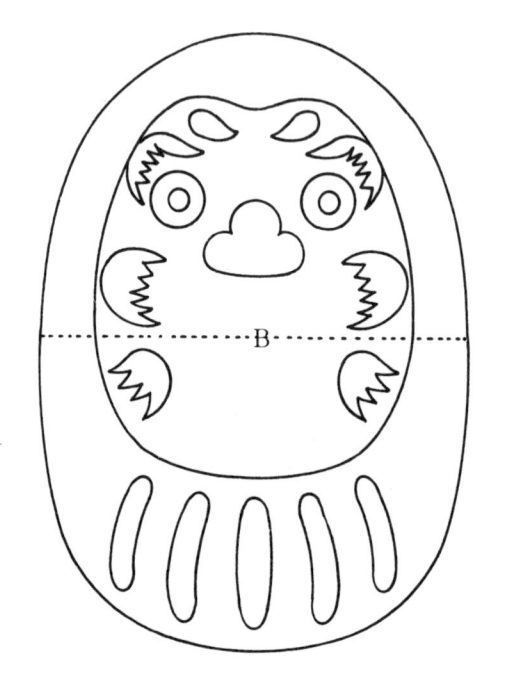

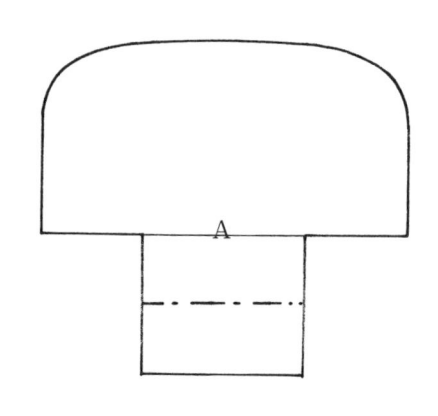

イラスト集

A Happy New Year

Congratulations

Thank You

Happy Birthday

Happy Wedding

Happy Anniversary

Merry Christmas

Happy Mother's Day

Love

Summer

St. Valentine's Day

Spring

Autumn

Season's Greetings

Winter

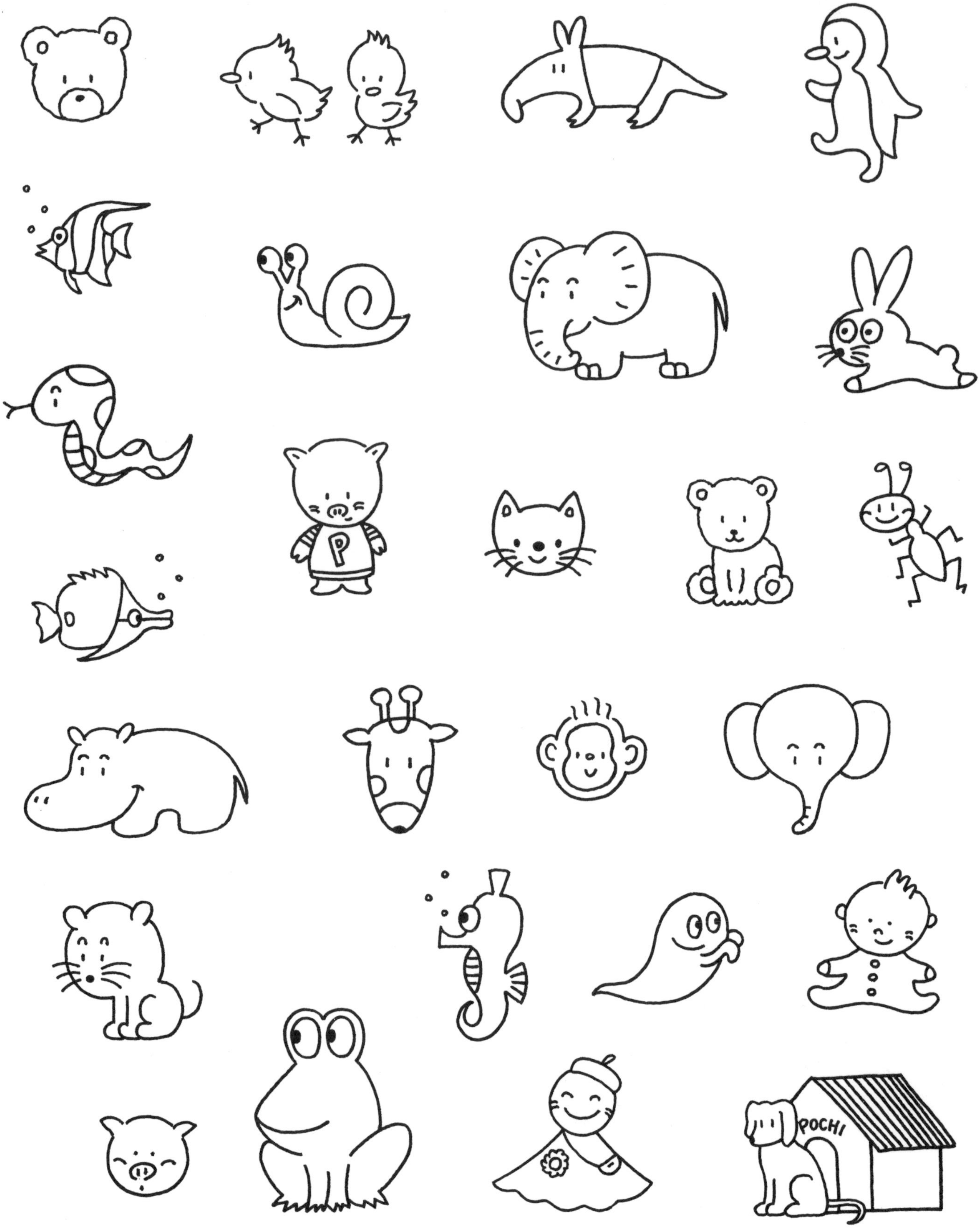
P
POCHI

63

著者 **菊地 清**（きくちきよし）

鶴岡市に生まれる。
ポップアップのグリーティングカードのデザインは300を越えるほか、切り絵やはり絵、コラージュなどによる多彩なペーパーアートを創作、『ポップアップグリーティングカード』（大日本絵画）をまとめる。絵本に『おおきくなったらね』（大日本絵画）『どうぶつあいうえおうこく』（絵本館）『俳句えほん』『ことわざ絵本』（あすなろ書房）『ぽぽんたのたんぽぽ』（偕成社）『もじもじぴったり』（佼成出版社）『いちねんのりんご』（冨山房）などがある。
現住所＝福島県岩瀬郡鏡石町大字久来石字南町488

制作図／小川和政
撮影（カラー）／中井春夫
編　集／わく はじめ

しかけ絵本教室3
ちょっとオシャレな グリーティングカード

NDC 754.9

2000年5月20日　初版発行
2005年11月10日　第4刷

著　者　菊地 清
発行社　小川光二
発行所　(株)大日本絵画
　　　　〒101-0054 東京都千代田区神田錦町1-7
　　　　　　　　　　電話03(3294)7861
　　　印刷・製本　大日本印刷㈱

©Kiyoshi Kikuchi 2000　　落丁・乱丁本はお取り替えいたします。
Printed in Japan　　　　　定価はカバーに掲載されています。

ISBN4-499-33056-4 C2072